M

DATE DUE

JUL 0 3 2002	
OCT 3 1 2002	
JUL 8 - 2003	

DEMCO, INC. 38-2931

NOV 1 5 2001

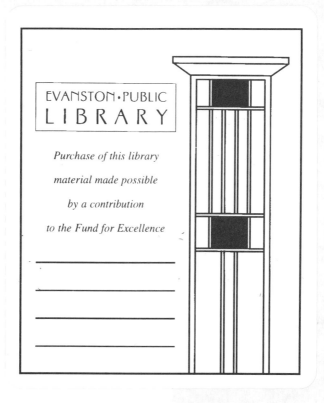

FOX & Co.

Biografía no autorizada

MIGUEL ÁNGEL GRANADOS CHAPA

FOX & Co.
Biografía no autorizada

grijalbo

FOX & CO.
Biografía no autorizada

© 2000, Miguel Ángel Granados Chapa

Fotografía de la portada: Pedro Mera/*Cuartoscuro*.

Fotografías de interiores: 1, 2, 3, 4, 5, 6, 7, 8, 9 y 33, periódico *A.M.;*
10 y 32, revista *Actual;*
11, 14, 15, 16, 17, 18 y 22, *Proceso;*
12, Tomás Martínez/*Cuartoscuro;*
13, 19, 20, 21, 23, 24, 25, 26, 27, 28, 29,
30, 31, 34 y 37, *Correo de Guanajuato;*
35 y 36, Universidad Iberoamericana, plantel León.

D.R. © 2000 por EDITORIAL GRIJALBO, S.A. de C.V.
(Grijalbo Mondadori)
Homero núm. 544,
Chapultepec Morales, 11570
Miguel Hidalgo, México, D.F.
www.grijalbo.com.mx

ISBN 970-05-1268-1

IMPRESO EN MÉXICO

Índice

Prólogo

En sólo 12 años, un hombre desinteresado en la política, adquirió presencia y fuerza suficientes para romper el monopolio que un partido ejerció sobre la sociedad mexicana durante siete décadas. Por supuesto, junto a Vicente Fox estuvieron en su hazaña de ganar la Presidencia de la República el Partido Acción Nacional, el más tesonero propulsor de la democracia electoral en nuestro país, y un vasto movimiento ciudadano anhelante de un cambio no por difuso menos exigente. Pero la gran movilización civil y partidaria que arrojó al PRI de Los Pinos fue encabezada por una persona ajena por completo a los moldes y usos de la vida pública mexicana.

A diferencia de sus predecesores, todos los presidentes elegidos desde 1929, Fox no se educó en el sistema público de enseñanza. No pertenecía al partido gubernamental. No se había preparado para el ejercicio del poder presidencial a través de una carrera en la administración pública, la civil o la militar. No ocupaba, por lo tanto, un puesto en el gabinete federal a la hora de convertirse en candidato a la Presidencia. Ni siquiera vivía, como todos los demás, en la ciudad de México, el centro nervioso de la política nacional.

¿Quién es, entonces, ese hombre?

Expuesto en los últimos años a una intensa atención pública, por las singularidades de su presencia en el escenario político, Vicente Fox es, no obstante, un desconocido. Lo es aún después de su elección el 2 de julio, a pesar de la activa estrategia de comunicación que lo tuvo por centro durante su campaña. Consciente de la necesidad de proyectar su personalidad más allá de los lemas y los discursos, él mismo puso a circular su autobiografía en 1999. Pero ya se conocen las limitaciones de ese género literario o histórico, en especial si se practica con fines proselitistas. A la condición necesariamente selectiva de la memoria se añaden en ese caso las consideraciones de conveniencia y oportunidad, así la pertinencia de alumbrar algunos tramos de la propia vida mientras otros se dejan en la penumbra.

Resolví por esos motivos preparar este esbozo biográfico de Fox. Resulta de él una imagen inédita en la política mexicana. Se trata del fundador de la república empresarial, una persona cuya incultura política —preguntaba en 1989 qué hacía un diputado— es suplida por apelaciones frecuentes al lenguaje de la administración de negocios, en que los ciudadanos son clientes a los que hay que proveer de productos de calidad, empaquetados en la mejor envoltura, vendidos con la más eficiente estrategia mercadotécnica.

En cada uno de los capítulos se otorga importancia a los contextos social e histórico en que se desarrolló la vida del próximo presidente de la República. Sólo ocasionalmente aparece algún intento de penetración psicológica en su carácter, algo al mismo tiempo inútil o innecesario dado el talante extrovertido del personaje. Puse especial atención a indagar sobre las porciones de la vida de Fox menos atendidas por el público. Por eso la campaña presidencial requirió un desarrollo menor que el material de otros capítulos. En sentido contrario, reconocí la relevancia del proceso en el cual Vicente Fox fue candidato y Carlos Medina resultó gobernador de Guanajuato.

La investigación incluyó la búsqueda de información en registros y archivos documentales. Acudió también abundantemente a las propias palabras de Fox, no sólo las que forman su libro sino las que a lo largo de los años prodigó en discursos y conversaciones con periodistas. En la preparación de este material hablé con muchas personas que han atestiguado desde diversos miradores el trayecto vital de Fox. Algunas de ellas accedieron, a pregunta expresa, a figurar en un cuadro de reconocimiento a su apertura. Pero como otras tantas eligieron no aparecer, resolví eliminar toda mención a los entrevistados, a fin de no generar especulaciones sobre sus dichos.

Esta obra se ha beneficiado ampliamente de otras que se citan a lo largo del texto, algunas de las cuales se enlistan en la bibliografía, sin necesidad de fatigar al lector con referencias de pie de página. Igualmente fue provechosa la cosecha hemerográfica, que también recibe el crédito correspondiente. En ese aspecto en particular, y en la selección del material fotográfico, fue muy valiosa la contribución de Raúl Muñiz Torres, que colabora conmigo en términos que agradezco cordialmente.

También agradezco a la editorial Grijalbo, a través de Gian Carlo Corte y Ariel Rosales, su paciencia para recibir un manuscrito largamente adeudado. Éste fue preparado con la velocidad que exige el trabajo periodístico en general, ya sea que se publique en forma cotidiana o se vea ennoblecido por el formato del libro. Pido disculpas si esa celeridad se convierte, aquí o allá, en inexactitudes.

Dedico este libro, por las razones de siempre y las que se acumulan cada día, a mis hijos Luis Fernando (con Patricia), Tomás Gerardo (con Marina) y Rosario Inés; así como a su madre, Marta Isabel, que comienza una nueva vida.

1. Del rancho a la capital

Vicente Fox y Quesada (tal es su nombre oficial) nació el 2 de julio de 1942 en el hospital de la Sociedad Española de Beneficencia en la ciudad de México, mejor conocido como Sanatorio Español, situado en la avenida Ejército Nacional en Polanco, establecimiento que por entonces cumplía diez años de edad.

Pocos días después, apenas estuvo en condiciones de viajar, y como lo había hecho con su primogénito José Luis, nacido un año atrás, doña Mercedes Quesada Echaide regresó al rancho de San Cristóbal, cercano a la ciudad de León de los Aldamas, en el municipio de San Francisco del Rincón, Guanajuato, donde vivía con su esposo José Luis Fox Pont.

San Cristóbal es un rancho antiguo. Data de 1591 la primera referencia documental conocida sobre su ubicación y características: un "sitio grande" conocido como Los Sapos se localizaba, cerca de León, a "tres leguas de la dicha villa saliendo de un mezquital y entrando en unas lomas rasas que dicen de San Cristóbal, en un sartenejal y una laguna pozo más cerca del río que va de los ejidos de dicha villa, que es el nacimiento que dicen del río Turbio".

David Brading, que recogió ese dato en su investigación sobre *Haciendas y ranchos del Bajío,* subrayó en su indagación histórica que "la característica más distintiva de la tenencia de la tierra en León... fue la existencia continuada del rancho de pequeño propietario".

San Cristóbal es prototipo de ese género de propiedad rural. Trabajado a dos manos, la de su propietario en turno y la de sus arrendatarios y medieros, se le acondicionó desde fecha temprana para que sus tierras rindieran: "En 1782 San Cristóbal se rentó bajo la condición expresa de que el arrendatario edificara una presa de cuatro varas de alto y 1 200 varas de largo, con un costo aproximado de 2 000 pesos". El rancho valía entonces 32 000 pesos, pero no se sabe en cuánto lo compró pocos años más tarde, "en la década de 1790", el legendario conde de La Valenciana, Antonio de Obregón y Alcocer, uno de los hombres más ricos del mundo de entonces, que extrajo de la entraña de la tierra guanajuatense riquezas incontables. Sí se sabe en cambio que cuando su hijo Antonio formuló el inventario de su vastísima herencia, hacia 1840, halló que San Cristóbal valía 133 785 pesos. Y también que a su muerte, al mediar el siglo XIX, el rancho pasó a manos de su primo, el doctor José Francisco Contreras, dueño que fue también de la vecina hacienda de Santa Rosa.

"A principios de la década de 1920 —apunta Brading— el enfoque principal en León se dirigía a la creación de pequeñas propiedades." Ya desde antes, sin embargo, la familia Fox había formado parte de esa tendencia, al adquirir la porción principal de lo que había sido y seguiría siendo San Cristóbal. Sobre su ascendencia paterna, dice Fox que su abuelo, "descendiente de irlandeses, se instaló en México por el año de 1913". En una suerte de biografía autorizada, Bruce Fielding Tipton e Hilda

Rico Llanos dan noticia diferente sobre los antecedentes familiares de Fox. Según esos autores, se trata de

...alemanes que habían emigrado a los Estados Unidos; el bisabuelo de Vicente emigró de Alemania a Estados Unidos y cambió su apellido a Fox que era la traducción del suyo en alemán. Llegó a Cincinatti, Ohio, junto con una hermana. Allá se casó y tuvo hijos, uno de los cuales resultó ser el abuelo de... Vicente, el cual trabajaba con la fábrica de tractores Ford, y debido a una pulmonía tuvo que buscar un lugar con un clima más benigno, y como conocía las Antillas fue para allá pero no le gustó, y se vino a México donde se estableció en Irapuato.

Poco después,

en la estación de tren que estaba en Lagos de Moreno, Jalisco, conoció a la que se convirtió en la abuela, la señora Librada Zamora, quien era originaria de la sierra de Comanjá, municipio de Guanajuato. Se casaron y tuvieron cuatro hijos, uno de los cuales es el papá de Vicente y de sus hermanos, don José Luis Fox, quien nació en Irapuato... y tuvo tres hermanas, siendo él el menor de los cuatro: ellos fueron Martha, Bertha, Ana y José Luis. Él nació el 11 de agosto de 1912.

Digo que la que contiene estos datos es una biografía autorizada porque se compuso a base de entrevistas con miembros de la familia Fox y el propio Vicente, que figura en la portada con el hijo de los autores en brazos. Adicionalmente, en la página de internet del entonces candidato presidencial, se incluía *El amanecer*, que es el título de este libro de que hablamos, como parte de la bibliografía foxista, en que aparece la autobiografía de Fox. Llama la atención, sin embargo, que el apellido de la abuela de Vicente no sea Pont sino Zamora. La señora Pont se había casado dos veces, con el señor Fox y con el señor Jones, y con ambos tuvo descendencia. Por otra parte, en la nota necrológica aparecida en el diario leonés *AM,* al fallecimiento del señor Fox, se anota como fecha de nacimiento el 11 de mayo de 1912.

Por lo demás, en cuanto a la ascendencia de Fox hay versiones para todos los gustos. Como la siguiente en que se identifica como fundador de la familia a Joseph Fox:

> Descendiente de ingleses y alemanes, el abuelo Joseph llegó a Irapuato en la primera década del siglo XX, enviado por una firma estadounidense fabricante de carrocerías para carretas con el encargo de cobrar un adeudo pendiente de una ensambladora local. Tanto le gustó la comarca que el visitante terminó por comprar no sólo el fundo —que dedicó al cultivo de papa y granos— sino la fábrica de carruajes cuyos adeudos lo habían hecho venir a México. Viejos lugareños dicen que si los Fox lograron conservar después de la revolución parte de la hacienda —originalmente de cinco mil hectáreas— fue gracias a que el patriarca Joseph ganó en una partida de dominó contra el general Lázaro Cárdenas (por entonces candidato a la presidencia de la República en gira intensiva por el país) el certificado de inafectabilidad.

Esa versión, quizá proveniente de Cristóbal Fox, apareció en un reportaje sobre el hermano menor del candidato presidencial en ese momento, en *Contenido*, marzo de 2000. Ya veremos en seguida que si los Fox "lograron conservar después de la revolución parte de la hacienda", ello se debió a procedimientos menos azarosos que un juego de mesa.

Ni la región ni el momento en que los Fox originales se instalaron eran propicios para el trabajo productivo, pues allí estallaba la Revolución: cruce de caminos, zona de paso y enfrentamientos, las tropas constitucionalistas que luchaban contra la restauración huertista tomaron la capital de Guanajuato en 1914; y al año siguiente las batallas de Celaya y León marcaron la senda de la derrota villista a manos de otro Obregón, este sonorense.

Dedicado a la producción de hortalizas, en el rancho San Cristóbal se estableció el hogar fundado por don José Luis, el primogénito del abuelo Joseph (que pasó a ser don José, eliminado ya el Luis de su nombre), al casarse el 11 de agosto de 1940 con Mercedes Quesada Echaide, cuyo padre, Vicente Quesada González, había venido a México desde su pueblo en Asturias, Peruyes, a fines del siglo XIX.

Radicado en Puebla, y casado con española como él, luego de que Luisa, su primera hija, naciera en México, Quesada González decidió que el resto de la familia lo hiciera en España, a causa de las turbulencias revolucionarias en su patria adoptiva. Así, en 1919 Mercedes nació en San Sebastián, en el País Vasco, pero a los cinco años volvió a la capital mexicana, donde vivió hasta casarse en 1932 con el dueño de San Cristóbal.

Su primer hijo se llamó José Luis, como su padre, pero no sólo perdió también el segundo nombre sino que, a la usanza española, se le llama Jose, sin acento en la e. El segundo tomó el nombre del abuelo materno, Vicente. Y luego siguieron Cristóbal, Javier, Mercedes, Martha, Susana, Cecilia y Juan Pablo.

Antes de que la familia hubiera sido fundada, se habían intensificado las tensiones en la comarca. En los años 20 la cristiada fue una realidad en León y en los Altos de Jalisco, tan próximos a Guanajuato. Luego empezó la inquietud agraria. La religión y la tierra tocaban de cerca a los Fox. A partir de 1927 comenzaron las solicitudes y las dotaciones de ejidos. En el entorno de

San Cristóbal, dice Brading, la tierra fue repartida a los agraristas: la quinta parte del total de Duarte, en las inmediaciones de San Cristóbal, fue convertida en ejido en 1929, y algo semejante ocurrió en San Juan de Abajo. San Pedro del Monte no siguió esa suerte porque su extensión fue dividida voluntariamente, acaso en un anticipo de simulación. Todavía en 1959 se expropiaron, agrega Brading, 761 acres (cada acre mide poco menos de media hectárea), para un ejido de 74 casas.

La familia Fox tomó en 1932 sus providencias para evitar la afectación agraria, fraccionando su propiedad y vendiendo algunos de sus lotes en circunstancias que les permitieron recuperarlos muchos años más tarde. Así, el 24 de agosto de ese año, José Luis Fox Pont vendió al señor Gordon E. Pape el lote número 7 de la hacienda San Cristóbal, con superficie de 92 hectáreas 6 500 metros, según consta en la escritura levantada ante el notario Enrique Mendoza e inscrita en el Registro Público de la Propiedad de San Francisco del Rincón el 2 de septiembre de 1932. Ese mismo predio fue objeto de una nueva transacción entre las mismas partes, sólo que en sentido contrario, 18 años después: el 25 de mayo de 1950 el señor Pape, representado por el señor Samuel W. Jones, con domicilio en Irapuato, vende el mismo lote 7 al señor Fox Pont, quien no lo adquiere para sí, sino en representación de su menor hijo Vicente Fox Quesada, según consta en la escritura levantada ante el notario Isauro Solís e inscrita en el Registro Público de la Propiedad de San Francisco del Rincón bajo el número 297, el 18 de diciembre de 1951. El señor Jones era poseedor de un poder sustituto, pues el primigenio había sido otorgado en Cincinatti a favor del señor Fox por los señores James, Andrew y John Walber y Luisa A. Fox.

En circunstancias semejantes el propio señor Fox Pont vendió otro lote, el número 3, con extensión de 100 hectáreas, el 27 de septiembre de 1932 y lo recuperó, en nombre de su también menor hijo José Luis, el 27 de abril de 1949. Los linderos de este predio son significativos: al poniente limitaba con uno de Martha Fox, posiblemente también resultante de ese fraccionamiento; y al norte y al sur con los recién creados ejidos Capricho y San Cristóbal. La compradora en 1932 fue la señorita María Luisa Jones Pont, hermana por la vía materna del vendedor. Fallecida sin testar, esa propiedad pasó a poder de su sobrina, la señora Elena Jones de Sanromán, quien figura como vendedora en la operación de 1949. Como dato semifinal sobre el desmembramiento de 1932, anotemos que el 20 de noviembre de aquel año la señora Bertha Fox Pont adquirió en propiedad otro lote de San Cristóbal, que el 1o. de agosto de 1969 sería partido en dos, de 50 hectáreas cada uno, vendidos por la tía a sus sobrinos Cristóbal y Javier.

En distintos momentos los núcleos agrarios vecinos pretendieron la afectación de esos predios. Se iniciaron los respectivos expedientes de dotación y ampliación en 1937 y en 1964, sin que fueran ejecutados. En los 70, un intento de cumplir esas resoluciones hizo que Fox conociera a Luis Echeverría, de quien obtuvo una audiencia en Los Pinos, en que nada más se expuso el problema, sin que hubiera solución. O la hubo sólo en cuanto a poner fin a la invasión de que el rancho había sido objeto. La madre de Vicente dijo a Fielding y Rico que "estuvimos invadidos como tres años". En ese lapso, según el relato de la señora Fox, "como eran atrabancados, al fin y al cabo jóvenes, José y Chente intentaron a veces regar los sembradíos de espárrago", para evitar su pérdida. No siempre lo consiguieron, pero "en las noches se daban sus escapadas para el campo, para ver qué estaba pasando".

En junio de 1988 ejidatarios de San Cristóbal, El Capricho, San Judas y San Pedro el Monte anunciaron que invadirían de nuevo la propiedad de los Fox, pero desistieron de su propósito ante el anuncio de la Secretaría de la Reforma Agraria de que allí no había tierra que afectar. El tema, sin embargo, siguió dando de qué hablar. Durante la campaña de 1991, el candidato del PRD Porfirio Muñoz Ledo exhumó el asunto. Según la versión del reportero Ricardo Alemán, Muñoz Ledo denunció que Fox, "en contubernio con la autoridad estatal, obstaculiza una resolución presidencial de dotación de tierras a los ejidatarios de San Cristóbal", que data de la época del presidente Cárdenas. Valido de ese retardo, arguyeron líderes ejidales auspiciados por Muñoz Ledo, que Fox ocupa sin derecho 360 hectáreas ejidales.

Rancho dedicado al cultivo de legumbres (brócoli, coliflor, lechuga de Bruselas), cuando Fox adquirió relevancia nacional la extensión de que disponía personalmente medía 243 hectáreas. Y parte de la zona cultivable de San Cristóbal había dejado de ser propiedad de la familia Fox para constituir su aportación a una sociedad de producción rural y responsabilidad limitada, El Cerrito, que es proveedora de Congelados Don José, la empresa agroindustrial en que derivaron las actividades agrícola y ganadera del primer Fox asentado en México.

El predio donde Vicente Fox construyó su casa tiene también una historia peculiar. Ése es el dato final de la implantación territorial de esta familia. Lo adquirió apenas recientemente, el 1o. de marzo de 1999. No lo compró a nadie. Lo recibió en donación de manos de su hija Ana Cristina. Ante el notario José Rodrigo Moreno Rodríguez (priísta que fue en un tiempo funcionario del gobierno panista, condición a que renunció para ser candidato de su partido, sin conseguirlo) la joven declaró ser "legítima propietaria del predio rústico que es fracción de la antigua hacienda de San Cristóbal... actualmente llamada Estancia de Vaqueros, que se integra de dos fracciones". La primera mide 230 hectáreas y fracción, y la segunda 12 hectáreas y pico. En la primera hay tres construcciones, para uso habitacional y de bodega, con una superficie total de unos 660 metros cuadrados. El valor fiscal del predio fue determinado en 297 530 pesos. Ana Cristina lo había adquirido por compra unos meses atrás, el 1o. de julio de 1998, lo que consta en la escritura número 70, otorgada ante el mismo notario Moreno Rodríguez e inscrita en el Registro Público de la Propiedad de San Francisco del Rincón. Los vendedores fueron los señores José Alipio Bribiesca Tafolla y Antonio Martín del Campo Abarca, y la joven adquiriente pagó 300 mil pesos, apenas un poco más de mil pesos por hectárea. Los señores Bribiesca Tafolla y Martín del Campo Abarca, comerciante y transportista, respectivamente, son originarios y vecinos de La Piedad, Michoacán. Ellos, a su vez, adquirieron el predio diez años atrás, el 1o. de junio de 1988, y pagaron por él nueve millones y medio de pesos de entonces (previo a la eliminación de los tres ceros). Hecho el ajuste inflacionario y eliminados los ceros, resulta que los señores pietenses hicieron un colosal negocio, pues una década después vendieron el predio en más de 30 veces el precio que ellos cubrieron al señor Manuel García García.

Este vendedor fue, a su turno y conforme a la naturaleza de las cosas, comprador. Mantuvo apenas un año en su patrimonio la Estancia de Vaqueros, que había adquirido el 7 de mayo anterior, exactamente al mismo precio, nueve millones y medio de pesos, y con la misma extraña configuración de dicho precio a que él vendió en el año 88: por la porción mayor del predio de marras, que es casi 20 veces más grande que la porción de menor tamaño, se cubrieron seis millones, menos del doble de los tres millones y medio que importa la fracción más chica de las que componen la mencionada Estancia. García García la adquirió de una viuda, doña Martha Josefina

González Aranda de Hernández, cuyo marido, el doctor Manuel Hernández González, la testó en su favor.

El doctor Hernández González había adquirido, a su vez, las dos porciones del terreno en sendas operaciones en que fue vendedor el señor Rafael Obregón Urtaza, efectuadas el 31 de mayo de 1978 y el 8 de septiembre de 1980. Aquélla se refirió a la fracción grande (de 230 hectáreas) que costó 115 000 pesos. La segunda concirnió a la fracción menor (la de 12 hectáreas), por la cual se pagó un precio superior, de 130 000 pesos, 15 000 pesos más, en una época cuando la inflación anual era poco perceptible, por una superficie 20 veces menor.

El señor Obregón Urtaza había comprado cada una de esas porciones en dos actos distintos pero de la misma fecha, el 4 de noviembre de 1959. En ambos casos quien vendió fue el señor John Walber. Y he aquí que el círculo comienza a cerrarse, pues el señor Walber no compareció por sí en esas operaciones de compraventa, sino representado por el señor José Luis Fox Pont, quien también había sido su apoderado en el ya muy remoto momento, el 20 de septiembre de 1932, en que el señor Walber compró los bienes inmuebles de que trata esta (esperamos que no demasiado enredada) historia. Walber, como queda dicho líneas antes, había sido uno de los poderdantes del señor José Luis Fox respecto del predio que en 1951 fue adquirido por el señor Fox para su hijo Vicente, menor de edad.

Pero volvamos atrás,
a mediados del siglo XX

Vicente y Jose formaron, por la proximidad de sus edades, una pareja inseparable. Cuando uno tenía siete y el otro seis años de edad, comenzaron a viajar a León todos los días, a través de la polvorienta o lodosa brecha que unía a esa ciudad con San Francisco del Rincón, para asistir a la escuela primaria, la del Instituto Mayllén, manejada por los hermanos de las escuelas cristianas, los lasallistas. Estaba entonces todavía vivo en esa ciudad el recuerdo de los mártires del 2 de enero de 1946. El penetrante olor de la sangre derramada era parte de las vivencias cotidianas, de los relatos entre atemorizados y reverenciales en las trastiendas. Quizá por eso, respondió ante mi pregunta específica un leonés de cepa, todos en la región tenemos algo de insurgentes, de cristeros, de sinarquistas.

León llegó a ser conocida como Sinarcópolis. Allí nació, el 23 de mayo de 1937, la Unión Nacional Sinarquista, mesnadas de católicos pobres que, oscilantes, buscaban el Reino de Dios en el cielo o en la tierra. Dividida a poco andar, una de sus ramas escogió en León la vía electoral y de movilización ciudadana. Así nació la Unión Cívica Leonesa, que osó disputar la alcaldía de la metrópoli zapatera al entonces casi finado Partido de la Revolución Mexicana.

El PRM vivía sus últimas semanas (en enero de 1946 haría mutis para dejar que en el escenario apareciera el Partido Revolucionario Institucional), pero seguía siendo dominante y excluyente. Con pasmosa arbitrariedad, sus personeros adulteraron la elección del 16 de diciembre de 1945 y donde era manifiesto el repudio al candidato oficialista Ignacio Quiroz éste apareció elegido con voto casi unánime. A la protesta que en ese entonces sustituyó a la alegría decembrina y de comienzo del año, el gobierno ofreció la represión como respuesta. La intención real o imaginada de tomar por la fuerza un palacio municipal que se negaba a los ciudadanos fue aplacada por la fuerza. Una multitud había tratado de impedir la asunción al mando del doctor Ignacio Quiroz el primer día de 1946 y al no lograrlo se arremolinó, mayor que la víspera, ardientes sus ánimos, en la plaza principal.

Atemorizados o prepotentes, los jefes militares ordenaron a su tropa, previamente acuartelada en el lugar, abrir fuego sobre la gente inerme. Un vecino, Herminio Hernández, que vivía en Madero 51, casi en el centro de los acontecimientos, narraría por escrito lo que vio y que Carlos Moncada traduciría años después en los siguientes términos:

> Ordenadamente y a paso veloz, llevando los fusiles embrazados, un grupo de soldados sale del edificio municipal y en línea de tiradores, tendidos frente a la parroquia —a un costado del palacio— comienzan a hacer fuego a discreción. Ametralladoras instaladas en la azotea del inmueble los secundan. Las balas barren lo que llamarían en lo sucesivo Plaza de los mártires. Indiscriminadamente caen niños y adultos. Unos mueren en el acto; otros se quejan lastimeramente sin que nadie los auxilie. La masa humana tiene sólo un pensamiento: ponerse a salvo de las balas. Atropelladamente huye todo el mundo por las calles de Hidalgo, Cinco de mayo, Madero, Juárez y Cinco de febrero, pero muchos no llegan lejos. Los soldados los persiguen y les disparan por la espalda. Aquella noche infernal no se olvidará nunca en León.

Pablo Serrano, a su vez, sintetiza y completa:

> El fuego duró más de 15 minutos. Más de 600 personas fueron heridas, y más de 30 murieron según estimación de fuentes oficiales, aunque es difícil cuantificar el verdadero número de muertos y heridos, que se estima fueron más del doble.

Nadie fue castigado penalmente por la matanza. Los jefes militares que dieron la orden de disparar quedaron absueltos poco tiempo después. El gobierno estatal pagó la costosa factura: el Senado de la República declaró que los poderes habían desaparecido y nombró nuevas autoridades.

Cuando los niños Fox se familiarizaron con la ciudad, al mismo tiempo lejana y próxima, aún gobernaba a los leoneses Carlos Obregón, no como el alcalde elegido que había querido ser, ya que su victoria había sido manchada con sangre, sino como presidente de una Junta de Administración Civil organizada desde el centro tras la matanza. No tardaron los pequeños en convertirse en alumnos de los jesuitas, pues ingresaron juntos al Instituto Lux en 1954. Cinco años más tarde concluían allí su bachillerato, José Luis en el grupo de ingenieros, Vicente en el de administración de negocios.

El anuario de 1959 muestra a Vicente jinete en una motocicleta, con media docena de sus compañeros, a los que alude el pie de la fotografía: "En esfuerzo supremo los deportistas se superan". Pero más que en la educación física los jesuitas se esmeraban en la formación espiritual. Como síntesis de ella, el anuario que llevarían consigo al terminar la preparatoria prescribía:

Sin el espíritu sobrenatural de la fe, tu vida será triste e infecunda. No andes a ciegas por los caminos de la vida: Dios tiene una misión reservada para ti. Conserva tu corazón inmaculado y joven para los amores benditos, que endulzan y santifican la vida. Es muy noble el amor a la Patria. Convéncete de que con tu esfuerzo contribuyes a su prosperidad y grandeza.

El propio Fox valoraría después el papel de los jesuitas en su formación. Ellos, dice en su autobiografía, "estuvieron siempre presentes en nuestra vida, ya que el primer cura que conoció a mi madre en México, y que más tarde se convertiría en su confesor y consejero, era precisamente jesuita". Uno de sus profesores, Jorge Vértiz, marcaría con su estilo abierto la vida del Lux. Retirado temporalmente del Instituto, volvió a él en 1959, cuando los Fox concluían sus estudios. Llegó esa segunda vez con la triste consigna de cerrar el Instituto. Pero en vez de acatar la decisión de sus superiores, los persuadió de continuar al frente de la institución, vigente hoy mismo y prolongada después en la sede leonesa de la Universidad Iberoamericana.

La de nosotros —escribe Fox— fue una educación netamente religiosa, pero nunca fuimos mochos. La religión en México, como en muchos otros países del mundo, desempeña un papel fundamental en la vida de la sociedad.. Estoy firmemente convencido de que su papel no debe limitarse únicamente a cultivar el espíritu, sino que debe promover la participación activa de la sociedad en actividades comunitarias y colectivas, siempre respetando el marco legal.

A Fielding y Rico, Fox agregó que "siempre, desde que tengo uso de razón, he sentido mi cercanía con Dios". Los autores aseguran que Vicente

se interesaba mucho por las vidas de los santos y el ejemplo que él tomó de ellos lo ha llevado consigo durante toda su vida y hasta el día de hoy; y como me mencionó su mamá, Vicente es una persona sumamente piadosa [y hasta] comenzó a pensar que la mejor forma de servir era abrazar el sacerdocio.

No hay señal específica de esa vocación, ni de ninguna otra. Era un niño disperso, mal sujeto a la disciplina. Aunque dijo que

26

una de "las enseñanzas con mensaje" vino con "el primer cuartazo que me dio mi padre", que levantaba a sus hijos "temprano a trabajar" y los "tenía jalando todo el día, estudiando o trabajando", lo cierto es que no era asiduo en sus deberes escolares. Su madre se felicita de que haya "salido listísimo para el colegio, pues nunca jamás abrió un libro. Yo no entiendo cómo es que sacaba las notas que sacaba". El propio Fox se recuerda a sí mismo como "un niño muy silencioso". Siempre juntos, José Luis y Vicente permanecieron unos meses en un colegio norteamericano, antes de ingresar en la Universidad. El viaje parecía tener el doble propósito de hacerlos aprender inglés y de sujetarlos, especialmente al menor, a una disciplina a la que se mostraba renuente. Aunque callado, era también muy inquieto, al grado que cansaba a sus compañeros y a su padre y a los amigos de su padre, como José Serrano, apodado *El tío Fatigas*, que recordaba, ya adulto Vicente, su constante ajetreo. Al modo de James Dean, su contemporáneo, Vicente viajaba en motocicleta por la carretera. Cuando llegaba a León, junto con sus amigos, estacionaba la máquina a la entrada de Woolworth, cuya cafetería era el *rendez vouz* de los muchachos leoneses pudientes. Eso era entre los 16 y los 18 años, una edad en que, según el propio Fox, "se alcanza el punto mayor de idealismo, cuando sientes tener la capacidad de hacer y deshacer, allí es donde se construye uno, o se autoconstruye; así fue mi caso, yo hice definiciones de grandes periodos de mi vida..."

La vida familiar de los Fox no se limitaba al entorno de San Cristóbal. Si bien fue más frecuente que recibieran allí a sus primos de la ciudad de México, solía haber intercambios que les permitían vacacionar en el Distrito Federal. Y también en Crespo y De Ávalos, dos grandes ranchos cercanos situados a las afueras de Lagos de Moreno, en Jalisco. Eran propiedad del señor Guillermo Sanromán, casado con Elena Jones, hija del primer matrimonio de la señora madre de Vicente Fox.

Chabe Camarena, una cronista de sociales en León, en su columna "Acento con estilo" del diario *AM*, recuerda a Vicente Fox como un jovencito

...muuuuy guapo, con un pequeño pero: igual de guapo era de serio, introvertido, simplemente tímido. Eso jamás evitó que cuando venían (a León) los Fox, un grupito de muchachas, previamente avisadas por Lucha Lozano, que era novia de José, fueran al jardín para verlos.

En esa época, don José Fox y doña Mercedes Quesada de Fox pertenecían al grupo social de don Pepe y doña Angelina Madrigal. Es de todos conocido que las fiestas más sonadas de la ciudad eran las que se realizaban en la terraza de la casa de ellos. A algunas de éstas venían los hermanos Fox. Lo malo era que cuando venía Vicente, llegaba, saludaba y en ocasiones platicaba. O sea que de baile naaada, no le gustaba bailar. Y en cuanto a las novias, pues ceros, no tenía novia, para tristeza de muchas de las leonesas que con gusto le habrían dicho que sí.

Cuando don José y doña Mercedes venían a León, los nueve niños se quedaban con quienes consideraron siempre sus segundos padres, don José y Berta Serrano. Y al *tío Fatigas*, muchas jovencitas les pedían que les hiciera la pala con Vicente. Pero cuando uno es introvertido, no hay modo.

Igual pasó cuando llegó a México; vivía con su tía Martha Fox de Latapí, que con casi un año de anticipación organizaba una posada que era de fama. Allí Vicente pertenecía al grupo de los Espinosa Yglesias, los Trouyet y los Artigas, entre otros. Y aunque todavía las hoy señoras nos platican lo mucho que les gustaba, él seguía sin bailar...

No es correcto el dato sobre la residencia de Fox en la ciudad de México. Cuando José Luis y Vicente se inscribieron en la Universidad Iberoamericana los acogió su tía Luisi, la única de las Quesada Echaide que permaneció soltera. Su domicilio se ubicaba en la calle de Puebla, casi esquina con Orizaba, en la acera opuesta al Centro Asturiano y a unos metros del templo de La Sagrada Familia, a cargo de jesuitas. Puesto que José Luis no perseveró en sus estudios de ingeniería y volvió al rancho, su lugar en esa casa fue ocupado por un primo de los Fox, Ignacio Amuchástegui, que ya adulto haría carrera en el ramo de seguros, mismo que en su temprano retiro ejerce todavía en la ciudad de León, donde también figura como socio en las empresas de sus primos.

Fox se inscribió en 1960 en la Universidad Iberoamericana. De la colonia Roma, Vicente viajaba todos los días a Coyoacán. La UIA se alzaba desde tres años atrás en Zaragoza 84, esquina con Miguel Ángel de Quevedo. Creada como una federación de colegios fundados algunos desde los años 40, la Ibero había conseguido originalmente en arrendamiento el local de un colegio en Insurgentes, pero su propia expansión la condujo a hallar su edificio propio, del que pasaría en 1963 a un establecimiento de mayores dimensiones, en la colonia Campestre Churubusco, en donde todavía recibiría clases Fox.

A su ingreso era rector el padre Carlos Hernández Prieto, pero poco después fue elegido el padre Manuel Ignacio Pérez Alonso. Aunque el predio en Cerro de las Torres fue adquirido en 1956, a ambos les correspondió regir en la finca de Zaragoza, "también dedicada a casa de descanso de la Compañía, adscrita a la Iglesia votiva", según narra José de Jesús Ledesma en su historia de la UIA.

Visto que el Tecnológico de México y el de Monterrey se financiaban con el patrocinio de empresas y empresarios adictos a su modelo, los jesuitas eligieron transitar por el mismo camino. De esa manera se integró el 22 de febrero de 1956 la asociación civil Fomento de Investigación y Cultura Superior, cuyo consejo directivo fue, a partir de 1961, también la Junta de Gobierno de la Universidad. Mientras Fox cursó sus estudios allí, ese consejo-junta estuvo formado por Antonio Ruiz Galindo como presidente y el notario Noé Graham Gurría como secretario. Ruiz Galindo presidía a la sazón la fábrica de muebles de oficina DM Nacional. Hijo del secretario de Economía del presidente Alemán, había estudiado administración de negocios en la Universidad Northwestern de Chicago. Lo acompañaban como vocales en el patronato la plana mayor de los empresarios mexicanos: Raúl Bailleres (que era también el principal patrocinador del ITAM), Adolfo Riveroll, José Lorenzo Cosío, Manuel Senderos, Agustín Legorreta, Enrique Trigueros y Carlos Trouyet.

La de Fox fue la cuarta generación de la carrera de administración de empresas, adscrita a la Escuela de Ciencias Económicas y Administrativas. Fue establecida con el fin de "poder proporcionar a las empresas de nuestro país profesionistas competentes, capaces de cumplir una doble misión: 1) mejorar el rendimiento de las empresas mediante la implantación de las técnicas modernas de organización y administración de todas las ramas de la empresa; y de este modo aportar un elemento de solución microeconómica al problema de la elevación del ingreso per cápita; 2) influir favorablemente en la evolución de las relaciones obreropatronales en el seno de la empresa y aun de la misma evolución de las empresas conforme a los principios de justicia social".

De acuerdo con el director de la carrera, el padre Xavier Scheifler, ese segundo propósito se había logrado en mucho menor medida que el primero en la generación de Fox. Así lo dijo a sus integrantes en 1974, al cumplirse diez años de su egreso de las aulas universitarias. Al verlos ufanos de su progreso material —Fox se aproximaba ya a su máximo cargo en Coca-Cola, y la reunión tenía lugar en el exclusivo University Club—, Scheifler se dijo arrepentido de haberlos formado sólo en esa perspectiva. Se marchó de la fiesta, según recuerda el propio Fox, y explicó que se retiraba "porque fui un fracaso en la enseñanza [pues] siempre pretendí que salieran al mundo a servir a los demás".

No era insólita esa actitud. En diciembre de 1993, con motivo de una entrega de premios había dicho:

> Estamos en día de fiesta y no quisiera aguarla. Pero faltaría a mi deber si no les pidiese que pensasen en la obligación de justicia de cada uno de ustedes y de cada una de las empresas que ustedes lideran, con relación a este México del que nos duele su herida lacerante...

Formalmente era otro el objetivo de la Universidad. En esa carrera, decía un documento oficial, los egresados podrían "llegar a ocupar, con la ayuda imprescindible de la experiencia, los más altos niveles administrativos y directivos en empresas, con la preparación que exige la complejidad de la moderna vida industrial". Para ese efecto, el plan de estudios, de cinco años, incluía en los últimos dos, "en forma gradual, la práctica en una negociación".

Esta misma vinculación con el sector productivo se percibía en la integración de su consejo consultivo, al que pertenecían entidades y firmas poseedoras de gran dinamismo, como los bancos Nacional de México, de Comercio, de Londres y México, Mercantil de Monterrey; empresas industriales como Industria Eléctrica de México, fábricas Automex, DM Nacional, Bacardí, Galas de México; y comerciales y de servicios, como El Palacio de Hierro, Pilotes de Control, Seguros Anáhuac, Aeronaves de México, Nacional Distribuidora; y también la Coparmex y el Centro Industrial de Productividad. Junto con Scheifler, vasco, egresado de la Universidad de Lovaina, dirigía la carrera el maestro Agustín Reyes Ponce y era coordinador Víctor Gavito Marco (un muchacho entonces, que andando el tiempo sería un director profesional, a cargo de grandes compañías como Alpura). Formaban la planta docente, entre otros, Amado Aguirre, Francisco Borja, Luis Leñero, Pablo Marentes, Diego Zavala. En la lista figura también Néstor de Buen, pero a pregunta expresa no recordó su pertenencia a ese cuerpo de profesores, aunque sí al de relaciones industriales. En total, en la Universidad había, en 1960, 329 profesores.

Fueron compañeros de Fox Amparo Espinosa Rugarcía, hija de Manuel Espinosa Yglesias, presidente y director general de Bancomer; Roberto Hernández, que tras especializarse en negocios bursátiles sería el presidente de Banamex; José Madariaga, también banquero después; y, entre otros, Justino Compeán, casado después con Hilda O'Farrill y por esa vía vinculado a Televisa y al futbol (en el 2000, como Fox y Hernández, también era presidente, él del club Necaxa). Contemporáneos suyos, sin ser compañeros de banca, fueron también Demetrio Sodi de la Tijera, luego diputado y senador perredista, miembro del mismo equipo de futbol estudiantil que Fox; y Roberto Sánchez de la Vara, que encabezó la Cámara Nacional de la Industria de Transformación. Éste ha recordado puntualmente a Scheifler, que lo marcó tanto como a Fox, en un artículo escrito con motivo del fallecimiento del sacerdote jesuita, del que provienen algunos de los datos que siguen:

Como la de muchos jesuitas, la de Scheifler Amézaga fue una vocación tardía. Bilbaíno, nacido en 1915, combatió por la república en la guerra civil; en 1937 salió a Francia y dos años después llegó a México, donde trabajó como director de finanzas de una fábrica de jabones. En 1943, a los 28 años ingresó en la Compañía de Jesús, estudió en Los Ángeles y en Lovaina y, ya doctor, se dedicó a la enseñanza en la naciente Iberoamericana. Además de la de administración de empresas, dirigió la carrera de economía, de 1969 a 1972. En ese periodo de crisis educativa jesuita —entonces se clausuró el Instituto Patria—, Scheifler fue nombrado rector del Instituto Tecnológico y de Estudios Superiores de Occidente, la universidad jesuita tapatía fundada para equilibrar la enseñanza entre los fundamentalismos de las universidades de Guadalajara, la Autónoma y la del estado. Allí puso en práctica su proyecto de universidad integral con aspecto humanista. Murió el 8 de febrero de 1996.

Al comenzar los 60, en la Ibero había en total 1 522 estudiantes, distribuidos en 18 carreras. Fox recuerda que en la suya había 250, lo que de ser cierto la muestra como una de las más solicitadas. Los alumnos pagaban cuotas diferenciales, según la carrera. La de administración pertenecía al tipo C, el más caro: 3 285 pesos por año, más 200 por la matrícula, más 100 por la incorporación a la Universidad Nacional (pues entonces la Ibero no había cobrado su completa autonomía). La colegiatura tipo B ascendía a 3 015 pesos y la de tipo A era de 2 655 pesos. Puesto que la Universidad Nacional cobraba 200 pesos por año, la cuota menor en la Ibero era 12 veces mayor que en la UNAM.

A fines de 1994, Fox se preparó para ingresar en el mundo del trabajo. A diferencia de algunos de sus compañeros, que cursaron sus estudios al mismo tiempo y que estaban ya empleados profesionalmente, Vicente se reservó hasta el último momento. Envió su currículum a cerca de 40 empresas, entre las que figuraban Dupont, Ford, Chrysler y Coca-Cola. Ésta fue la primera en contestar y en noviembre del año final de su carrera, mientras preparaba los exámenes del último año, Fox comenzó su carrera de 15 años en esa firma.

La naturaleza de su trabajo en ese lapso, y las complicaciones empresariales y políticas de su vida después, le impidieron la presentación de la tesis y el examen profesional, no obstante lo cual por inercia era llamado licenciado. Así figura en datos probablemente proporcionados por sí mismo, en actas notariales relacionadas con los negocios familiares. Por último, y ya en plena carrera electoral por la Presidencia, se tituló en 1999, no presentando tesis sino con la modalidad de reporte de trabajo en el campo profesional. Era ya gobernador y elaboró un documento sobre la generación del plan básico de gobierno 1995-2000 del estado de Guanajuato. Es un informe breve, si bien de formato alto, tamaño carta, impreso a una cara en cada una de sus 82 páginas. Incluye seis anexos en 120 páginas adicionales. Como en otros documentos gubernamentales en Guanajuato, en ese reporte se llama cliente al ciudadano, "el cliente principal del gobierno".

Así lo sostuvo, y sobre esa concepción giró su réplica, en el examen profesional que presentó el 24 de marzo de 1999. Fueron sus sinodales Abraham Nosnik Ostroviak, Sebastián Serra, rector de la UIA en León, y Jorge Padilla González del Castillo, asesor del trabajo recepcional. Aprobado por unanimidad, Fox no fue objeto de honores adicionales, entre otros factores, porque su promedio le impedía recibir mención honorífica. Su promedio de calificaciones fue de aproximadamente ocho, según informaciones extraoficiales. En un reportaje laudatorio aparecido en noviembre de 1998 se cita a "sus maestros de la Universidad", los cuales "recuerdan que Fox no figuró entre los alumnos más brillantes pero sí entre los mejores y más responsables organizadores del trabajo en equipo" (*Contenido*, núm. 425). No fue posible consultar directamente su expediente escolar, dejado fuera del acceso informático a registros de ese tipo. Hacía falta una autorización explícita de Fox, que no se sintió obligado a otorgarla, no obstante el pedido expreso del autor de estas líneas.

2. La chispa de la vida

Cuando Vicente Fox fue aceptado por Coca-Cola en 1964, ingresó no sólo en una empresa en la que haría carrera durante los siguientes 15 años, sino que se hizo parte de un modo de ser, de una marca simbólica de la manera norteamericana de vivir y de un singular estilo empresarial basado en la publicidad y la mercadotecnia tanto o más que en el producto mismo.

La historia de Coca-Cola comienza en 1886 —el 8 de mayo es la fecha oficial de su nacimiento—, poco después de que el doctor John S. Pemberton inventó la mítica bebida en un local situado a unos pasos del edificio principal del hoy poderoso consorcio, en Atlanta. Diez años más tarde, la pequeña empresa creada ex profeso vendía cerca de 300 mil litros anuales de la bebida. Su personal de producción era escaso, pero movilizaba un importante número de personas dedicadas a la promoción directa en los lugares de venta, donde se ofrecían charolas, calendarios y otros objetos propagandísticos. La publicidad impresa se basaba en lemas, algunos de los cuales se hicieron clásicos. Los de ese primer momento eran "Las damas toman Coca-Cola sin cesar", sustituido después por "Beba Coca-Cola, deliciosa y refrescante".

Frank M. Robinson, socio y contador de Pemberton, propuso el nombre de Coca-Cola y diseñó el marbete. En 1891 el control de la expansiva compañía pasó a manos de Asa G. Candler, que obtuvo el control con 2 300 dólares. Dos años más tarde registró el ya famoso nombre comercial en la oficina de patentes de Estados Unidos. Antes de que concluyera el siglo, en 1899, en Mississippi y Tennessee se fundaron las primeras embotelladoras de Coca-Cola por su cuenta. Se estableció el singular mecanismo empresarial que sobrevive hasta nuestros días: The Coca-Cola Co. (y más tarde The Coca-Cola Export Co.), producen y venden el jarabe, autorizan su uso y apoyan el mercadeo de la bebida, mientras que refresqueros locales lo embotellan y expenden al público directamente, es decir, aportan el capital para la construcción de las fábricas, los equipos, los vehículos, las botellas y las cajas.

Con el nombramiento de Robert Woodruff como presidente de la compañía, en 1923, se inicia la expansión internacional de la marca y se hace clara su influencia política.

A fines de la década del veinte —escribe Mark Pendergrast, una especie de cronista oficioso de la bebida— los emisarios de Coca-Cola habían instalado embotelladoras en muchas partes del mundo, y Woodruff había garantizado la publicidad adecuada para las nuevas empresas... En lugar de despachar voluminosos recipientes de jarabe al extranjero, los químicos de Coca-Cola desarrollaron un concentrado, sin azúcar, que tuvo una doble utilidad para la compañía. Los embotelladores del extranjero añadían su propio azúcar al producto, de modo que si el precio aumentaba otra vez eso no afectaba los intereses de la compañía.

Aunque la fecha oficial del nacimiento de Coca-Cola en México es 1926, antes se había generado un desorden, "un verdadero caos", pues cuatro embotelladores usurpaban la marca registrada: "En 1925 Harrison Jones, junto con el químico de la compañía, W. P. Heath y un abogado, fueron a México para tratar de resolver el problema, pero incluso el temible Jones se marchó sin lograr nada".

Una vez establecida la marca de modo adecuado, México sirvió para ilustrar la difusión internacional de la bebida. Aun cuando las operaciones en el extranjero no producían suficientes rendimientos inmediatos, Woodruff sabía que esto tenía gran valor desde el punto de vista de las relaciones públicas. Envió fotógrafos por todo el mundo para tomar instantáneas de la nueva presencia de Coca-Cola. Con la aprobación de la junta directiva las publicó en una edición especial de *Red Barrel* —la publicación de la compañía— a comienzos de 1929. El texto aclaraba que:

> Pocos americanos saben que ahora se puede encontrar Coca-Cola en las plazas de toros de la alegre España o México, en el estadio de los Juegos Olímpicos, en Holanda la tierra de los canales, en lo alto de la torre Eifel, tras el templo budista de Rangún, en la remota Birmania y junto al Coliseo de la histórica Roma. Durante muchos años, Coca-Cola ha sido una institución nacional para los norteamericanos, cuya popularidad había alcanzado a Canadá y Cuba. Pero durante los últimos tres años ha trascendido las fronteras nacionales y sus ventas son de alcance internacional. En el presente, Coca-Cola se vende en setenta y ocho naciones.

Ese crecimiento y el de los años posteriores a la Gran Depresión se debieron sobre todo a la publicidad. Archie Lee, responsable de esa función en Coca-Cola, fue uno de los pioneros en advertir "que la imagen de un producto era realmente más importante que el producto mismo... No importa lo que un producto es —le escribió a Robert Woodruff—, sino lo que hace que nos interese", y empezó a sembrar las ideas adecuadas acerca de Coca-Cola, de la cual pretendía hacer el objeto más popular y amado. En esa línea, en 1931 fue creado Santa Claus, dibujado por Haddon Sundblom. A diferencia del San Nicolás eslavo y nórdico, tocado con tiara episcopal, o del Papá Noel de la tradición europea, que lo representaba alto y delgado, vestido indistintamente de azul, verde o rojo, el ilustrado especialmente para Coca-Cola era gordo, sonriente, rubicundo, vestido de rojo y blanco con cinturón ancho... y botas negras. A partir de entonces no hay otro Santa Claus que ése.

Lenta, pero firmemente, Coca-Cola fue asentándose en México. Las plazas donde se inició su embotellado, en 1926, fueron Tampico y Monterrey. En el puerto tamaulipeco, el emprendedor fue Herman H. Fleishman y en la capital de Nuevo León, Manuel L. Barragán, quien llegaría a ser el primer presidente de la Asociación Mexicana de Embotelladores de Coca-Cola (y también, durante un breve lapso, entre 1929 y 1930, director del diario *Excélsior*, que en esa época transitaba por una etapa de grandes dificultades políticas y financieras). En 1927 Saltillo fue el tercer lugar donde se embotelló el refresco de cola, casi al mismo tiempo que la fábrica establecida en Chihuahua en 1910 por el señor Otto Stege se convertía al cocacolismo en manos de Carlos Stege Salazar, hijo del fundador. En 1929 se inició el embotellado en la ciudad de México y en Guadalajara. Mérida se sumó a esa lista en 1931, bajo la responsabilidad del señor José María Pino Domínguez, hijo del vicepresidente asesinado en 1913 junto con el presidente Madero. En 1948, el señor Pino cedería sus derechos a los señores Ponce G. Cantón y Vales Guerra. En 1934, Enrique Madero estableció la embotelladora respectiva en Mazatlán. Su mercado original eran los navíos de la Grace Line, que hacían escala en ese puerto del Pacífico, pero la bebida logró tal éxito que Madero abrió tres plantas más hacia el norte de Sinaloa y el sur de Sonora, aun cuando los buques dejaron de parar en el puerto.

En 1940, la sede de Atlanta contrató a Roy Stubbs, un abogado que recorrería el mundo para resolver problemas legales de la firma. "Le llevó un año a Stubbs conseguir registrar la marca Coca-Cola ante el gobierno mexicano, sin revelar la fórmula, tiempo durante el cual aprendió a hablar español." En esa misma época, Monsanto fue convencida por la empresa refresquera para abrir una planta en México, dedicada a la elaboración de la cafeína. Poco después de la guerra se hicieron frecuentes los viajes a nuestro país de James Farley, que se comportaba como un embajador y así era recibido. En 1945 existían ya 28 plantas embotelladoras en la República Mexicana.

Coca-Cola era ya una potencia política al mediar el siglo. Así lo comprobó al determinar la elección de Eisenhower como presidente en 1952. Pendergrast, el historiador de la casa, lo narra al detalle:

> El sociólogo Floyd Hunter preguntó al poderoso Woodruff por qué había colgado un retrato de Ike en su oficina.
>
> "Algunos de nosotros queremos que sea presidente —dijo Woodruff—. Lo enviamos al extranjero para darle una experiencia internacional, después lo hicimos presidente de Columbia para que los intelectuales lo apreciaran. Pero todavía no se ha decidido... si Eisenhower se postulará como demócrata o republicano."

Cuando se tomó esa decisión, "la postulación de Eisenhower fue cuidadosamente presentada, como una botella de Coca-Cola. Se le mostró como un individuo algo ingenuo, sincero, no como un verdadero político sino exhibiendo todas las virtudes del hombre común norteamericano. En realidad, Eisenhower había premeditado deliberadamente cada actitud..."

Eisenhower aplastó al demócrata Adlai Stevenson. Así, Pendergrast —que no escribió un libro herético (*Dios, patria y Coca-Cola*) como su irónico nombre pudiera hacer pensar, sino admitido aunque no autorizado por la compañía— puede decir que Woodruff "colocó a un amigo íntimo en la Casa Blanca. Como un gesto benigno —e irónico— Woodruff encabezaba sus cartas al presidente con la expresión *Dear boss* (querido jefe), pero nunca se puso en duda quién era la figura verdaderamente dominante".

Años más tarde, sin la crudeza practicada con Ike, el poderío político de la firma se haría presente de nuevo en la elección de James Carter:

Cuando le preguntaron si le había pedido el apoyo de Coca-Cola para su postulación como presidente de Estados Unidos, Austin dijo sonriendo: "Jamás me hubiera imaginado que Carter, desconocido en el resto de la nación, pudiera realmente perseguir ese propósito". Sin embargo, cuando el gobernador de Georgia se promovió a sí mismo, recorriendo el mundo desde Tokio a Bruselas para fomentar el intercambio comercial de su estado, pero también para lograr experiencia y presencia internacional, los hombres de Coca-Cola lo asistieron en todos los países, suministrándole la información necesaria acerca de la política, la economía y la cultura local. Con los auspicios de Austin, Carter se incorporó como miembro de la prestigiosa Comisión trilateral.

Por esa razón, Carter pudo jactarse en 1974 de ese apoyo:

Tenemos nuestra propia representación del Departamento de Estado en la compañía Coca-Cola. Ellos me proporcionan, por adelantado, los informes acerca de un país determinado, cuáles son sus problemas, quiénes son sus dirigentes y, cuando voy allá, me presentan a los líderes de esas naciones.

El Austin de que se habla es Paul Austin, el décimo presidente de la empresa. Woodruff había empezado a retirarse paulatinamente. Después de un violento reajuste de personal, que provocó varios suicidios en la sede de Atlanta, fue designado director Lee Taley, reemplazado a su vez en 1962 por Paul Austin, el primero a quien conocería Vicente Fox. Austin estuvo en México a mediados de 1968, invitado a la inauguración de una planta nueva de la Embotelladora de Tampico, S.A., propiedad de la familia Fleischman. Justo un año después del ingreso del guanajuatense a las infanterías de la empresa, en 1965, se introdujo el sistema de pos-mezclado (post-mix): fue el punto culminante de un periodo de expansión iniciado en 1955 con la aparición de dos nuevas presentaciones, la Coca-Cola grande y la familiar, junto con el tamaño clásico de 6.5 onzas, y que siguió con el lanzamiento de Fanta. Cuando Fox se hizo miembro de esa compañía ésta contaba ya con 53 plantas embotelladoras en México.

El periodo de Austin en la capital de Georgia coincidió con el de Teodoro Circuit Ríos en México. Éste fue el primer mexicano en hacerse cargo de la división que incluía a nuestro país, y a los de Centroamérica, al ser nombrado gerente general en 1967. Entre 1962 y 1972, la década en que Austin encabezó a The Coca-Cola Export Corporation, se definieron con nitidez las líneas de unión y separación entre las embotelladoras —56 ya a la hora de la designación de Circuit Ríos — y la sede norteamericana. Ésta no tenía ninguna acción o participación en la industria embotelladora. Se limitaba a proveer el concentrado cuya

fórmula estaba patentada, y los apoyos de publicidad y mercadotecnia que eran característicos de su operación.

> Una parte muy importante de nuestra labor, y que seguramente es
> desconocida —dijo Circuit Ríos en un reporte oficial de la empre-
> sa, fechado en 1967—, es la de realizar compras de productos mexi-
> canos, que nuestra compañía utiliza en todo el mundo y exportarlos
> a otros países. Así, anualmente compramos azúcar por valor de más
> de 28 millones de pesos, café por más de 75 millones, concentra-
> do de naranja por 41 millones y vainilla por más de medio millón
> de pesos. También exportamos artículos ya acabados, como bote-
> llas, coronas, refrigeradores y otros muchos productos más, los cua-
> les representan un valor anual de 14 millones de pesos.

El informe agrega que la inversión de la industria cocacolera en
México ascendía en 1966 a 740 millones de pesos, y en ese
mismo año pagó más de 100 millones de pesos por concepto de
impuestos.

En esa época, Coca-Cola participó en un negocio en apariencia
distante de sus actividades ordinarias, como fue la instalación
de criaderos de camarón en agua dulce. Era parte de una estrategia destinada a encaminarse a los negocios ecológicos para desviar de esa manera los ataques de los grupos ambientalistas, cada
vez más desafiantes del poder de las empresas internacionales
que atentan contra el equilibrio ambiental. Fox explicaría más
tarde que ese criadero, en Puerto Peñasco, Sonora, "se hizo para
apoyar el crecimiento y el mercado de alimentos en México y
para generar divisas". En este último sentido fue más eficaz la
exportación de artesanías mexicanas a todo el mundo. El catá-
logo constaba de más de tres mil piezas, que se vendían al exterior para compensar la balanza de pagos de Coca-Cola, pues la
industria local cubría altos montos por sus importaciones.

En el mismo sentido de mejorar la relación con su entorno, los embotelladores de Coca-Cola, a instancias de la empresa franquiciante, contribuían al desarrollo educativo del país. Donaron 70 centros de alfabetización en una primera etapa y 110 en la segunda, amén de otorgar becas para estudios superiores en la Universidad Nacional, el Instituto Politécnico, el Tecnológico de Monterrey, etcétera.

Circuit Ríos nació en Tampico, de padre inglés y madre mexicana. Cursó en Canadá los estudios elementales y en Estados Unidos la carrera de administración de empresas. Voluntario en la segunda guerra mundial, combatió como piloto de uno de los famosos *Spitfire* de la Real Fuerza Aérea. Participó en la industria refresquera en Venezuela, Curazao, Cuba y México. Pasó brevemente por la del calzado y volvió a la actividad embotelladora, al hacerse cargo en 1962 de la gerencia operacional de Coca-Cola en México.

Fox, por su parte, inició en 1964 un trabajo trashumante: empezó como vendedor de ruta, en Naucalpan, y siguió con esa tarea en Morelia, sede de un circuito que abarcaba Playa Azul, Zamora y Uruapan. Ganaba un salario de tres mil pesos al mes, más viáticos (nueve pesos al día para alimentos, 25 para alojamiento). Luego de un año en esa ruta, fue trasladado a Puebla, desde donde viajaba al sureste y donde permaneció año y medio. Después, durante el mismo lapso, siguió Tampico. Y más tarde Monterrey y Chihuahua, donde se quedó seis meses. Y dos años en Culiacán. Hacia 1969, Fox ya era gerente de zona, tras haber sido supervisor. En ese mismo lapso, se establecieron nuevas franquicias en Campeche, Minatitlán, Juchitán, Ciudad Altamirano, Gómez Palacio y Fresnillo y en 1966 se lanzó un nuevo producto al mercado: Sprite, con sabor lima-limón.

En 1969, Fox cesó su deambular por los caminos del país y se asentó en la ciudad de México, como gerente de operaciones, su primera responsabilidad de alcance nacional.

A la gerencia —informa el propio interesado— le siguió la dirección de mercadotecnia, que era considerada la vicepresidencia de la firma. Pasaron cuatro años hasta que finalmente ocupé la presidencia de Coca-Cola. Cinco años de mi vida, de 1974 a 1979, me mantuve al frente de la compañía; los viajes fueron ahora a Estados Unidos y Latinoamérica.

La primera gran responsabilidad de Fox como director de mercadotecnia fue la participación de Coca-Cola en el IX Campeonato Mundial de Futbol, que tuvo lugar en México en 1970. La presencia de esa firma en el acontecimiento deportivo era muy relevante: el señor Circuit fue designado presidente de la Comisión Coordinadora de Prensa y Relaciones Públicas del Comité Organizador. No lo hacía a título personal, ya que anunció que buscaría "toda la colaboración de la industria de Coca-Cola en México para coadyuvar en las labores que el comité organizador tiene para salir avante de este compromiso".

En mayo siguiente, Circuit fue nombrado vicepresidente y gerente general de The Coca-Cola Export en México, y como vicepresidente y gerente regional el licenciado Alfredo Martínez Urdal, quien más tarde reemplazaría a Circuit en el máximo cargo mexicano y sería después sustituido por Fox. Martínez Urdal había sido funcionario del grupo de la Cervecería Cuauhtémoc y en 1968, como parte de sus responsabilidades, había presidido la empresa Televisión Independiente de México, el Canal 8 (después 9), que fue la aportación de tal segmento del Grupo Monterrey a la creación de Televisa, a la que concurrió principalmente Telesistema Mexicano, de la familia Azcárraga.

Martínez Urdal sería, al correr de los años, director de Multibanco Comermex, de la familia Vallina. Lo era en 1982, a la hora de la expropiación bancaria.

Fox no menciona ni una vez a Circuit en su autobiografía y en cambio son laudatorias sus referencias a Martínez Urdal. Las expresa en una sintética y esquemática visión del papel de las empresas trasnacionales en nuestro país, cuya transformación, afirma, le "tocó vivir". En su opinión,

> ...hasta principios de los años setenta lo que existía eran empresas voraces que se llevaban los recursos y las utilidades, sin compromiso alguno con el país o con el lugar donde estaban invirtiendo. Considero que —y conste que me duele reconocerlo— las posturas de nacionalismo fuerte y profundo como las que asumió Luis Echeverría fueron muy valiosas y ayudaron al país, aunque luego las llevó al colmo de la exageración.
>
> Fue a partir de Coca-Cola y particularmente de la dirección de Alfredo Martínez Urdal cuando se gestó el cambio de actitud de las trasnacionales. Todo el equipo de trabajo de Martínez Urdal nos pusimos broncos y necios ante la directiva que radicaba en la ciudad de Atlanta, en Estados Unidos, argumentando que tenía que cumplirle a México antes que llevarse las utilidades. Fue una batalla de cinco años que afortunadamente logramos ganar.

El fenómeno distaba de ser tan simple, tan sujeto al voluntarismo. En realidad, en 1973 el gobierno de Echeverría había emitido la Ley para Promover la Inversión Mexicana y Regular la Inversión Extranjera y la de transferencia de tecnología, que acotaron los márgenes de acción de las empresas trasnacionales, cuya actuación era por entonces objeto de atención política y académica creciente. Así lo muestra, en-

47

tre otros indicadores, el que la ONU estableciera en 1975 la Comisión y el Centro de Empresas Trasnacionales.

Por añadidura, Fox cita de memoria, y ésta no le es fiel por entero.

> Aún recuerdo —dice, como ejemplo de su flaca retención— aquellos números ridículos de Echeverría, cuando llegaba con todo su gabinete y Rosa Luz Alegría. Nos tenían durante dos horas a por lo menos 250 empresarios escuchando una sarta de babosadas. Al final del encuentro Rosa Luz era la encargada de hacer el resumen de la sesión; eso sí, era brillante —además de guapota y dicharachera— para elaborar síntesis sin haber anotado nada.

Fox confunde los sexenios de Echeverría y López Portillo.

En el primero, la doctora Alegría, casada con un hijo del presidente, dirigía el Centro para el Estudio de Métodos y Procedimientos Avanzados en Educación (CEMPAE) y, salvo reuniones en que actuaba como asesora del secretario de Educación, Víctor Bravo Ahúja, no participaba en actos públicos de la administración. Fue lo contrario con López Portillo, a cuyo periodo corresponde la descripción hecha por Fox. En esas reuniones la doctora Alegría se desempeñaba como responsable del Sistema Nacional de Evaluación y como subsecretaria de esa materia en la SPP.

Por ese motivo, por su memoria falible, no puede atribuirse relieve a su afirmación de que "Echeverría... se fue al extremo de pedir la nacionalización de Coca-Cola", o de obligar a los ejecutivos a vender sus acciones. Salvo que se haya hecho en privado, o que se trate de uno de los chistes que circularon entonces para ilustrar el bajo cociente intelectual del Ejecutivo (algo por supuesto distante de la realidad), no hay constancia pública de que Echeverría demandara tal nacionalización, ni tal venta, que Fox asegura haber impedido porque le "tocó negociar" con el presidente. Mucho menos es creíble la versión de su colaborador cercano, Ramón Muñoz, que probablemente la oyó de Fox, de que el propio Echeverría "por la fuerza quería la fórmula del refresco". Nadie dirá que ese gobierno fue la suma y el paradigma de la sensatez, pero no se puede, sin argumentar o documentar, atribuirle tales comportamientos excéntricos.

Ciertamente Coca-Cola tuvo, en el tiempo en que la dirigió Fox, algunas dificultades con el gobierno, el de López Portillo. Cito específicamente una, en que la protagonista del litigio es una embotelladora de esa bebida en la ciudad de México. Pero, como hemos repetido, el papel de la franquiciante incluye el manejo de las promociones publicitarias y en torno a ellas se generó este diferendo.

El 26 de septiembre de 1978 la Secretaría de Comercio clausuró la planta de Embotelladora Mexicana, S.A., en la colonia Santa María la Ribera, por reincidir en violaciones a la Ley Federal del Consumidor (impulsada tres años atrás por el secretario del Trabajo Porfirio Muñoz Ledo). Coca-Cola emprendió una intensa campaña publicitaria durante el Campeonato Mundial de Futbol de ese año: jugadores mexicanos aparecían fotografiados en las corcholatas y quienes coleccionaran cierto número tendrían derecho a premios. No pocos consumidores se quejaron por incumplimiento y la Dirección de Operaciones Comerciales de la SC impuso a la empresa dos multas, por 100 mil pesos cada una. Coca-Cola solicitó amparo contra la medida y perdió ese juicio. No obstante lo cual reincidió en una campaña de fotografías en las corcholatas, esta vez con los personajes de "La guerra de las galaxias". Entonces se produjo la clausura, que sería levantada 24 horas después, cuando la compañía se avino a acatar los términos de la ley.

Comercio explicó que

...no autoriza promociones coleccionables que no reditúen u ofrezcan algún beneficio al consumidor. Motivar la compra de refresco mediante el incentivo de ofrecer figuras coleccionables es crear hábitos distorsionados. En nada benefician al consumidor y su único propósito es incrementar ventas creando condiciones de mercado desventajosas para los consumidores.

Coca-Cola había venido habituándose a enfrentar los reclamos de los defensores del consumidor, privados o públicos. El legendario (y en el año 2000 candidato presidencial) Ralph Nader, poco después de triunfar sobre la General Motors, en 1969 acusó a Coca-Cola de crear "una adicción masiva que algún día podrá ser identificada como una enfermedad". Más formal y frontalmente impugnaría sus campañas publicitarias la Agencia Federal de Comercio (FTC). Era una circunstancia similar a la que en México provocó la clausura mencionada: se trataba del Bingo de los famosos, una combinación de figuras coleccionables y respuestas a preguntas que tenían premios de 100 dólares. La Agencia de Comercio "objetó el concurso porque las reglas no especificaban que las engañosas preguntas requerían múltiples respuestas", dice Pendergrast. Por eso muy pocos acertaban: "Significativamente, sólo hubo 831 ganadores entre más de millón y medio de concursantes". La consecuencia legal fue una demanda de la FTC por 425 millones de dólares.

Otras veces, la presión federal se orientaba a criticar el contenido del refresco, en contraste con la información nutricional que ofrecía. En un caso de esa naturaleza, el litigio terminó en empate. En otro frente la Agencia de Comercio tuvo menos fortuna, pues atacó al mismo tiempo a los gigantes de las colas, Coca y Pepsi. Ambas se defendieron de la pretensión gubernamental de aplicar la ley antimonopolio a su práctica de buscar distribución exclusiva en territorios determinados. En el año 2000, en México, estaba en curso una variante de aquel episodio de la guerra de las colas, pues sus competidores acusan a Coca-Cola de excluir de su mercado a quien no acepta vender sólo su producto.

En 1979, Fox se fue de esa firma, "luego de 15 años de trabajar en Coca-Cola y de que me ofrecieron asumir la dirección de América Latina —lo que implicaba mudarnos a Miami". Según explica él mismo, tomó esa decisión por dos motivos: "el cambio de residencia y que ya venía planeando desde tiempo atrás mi regreso a León y a las empresas familiares", pues "ya comenzaba a sentir una importante insatisfacción personal".

De la cúspide al exilio interior en San Cristóbal

Al retirarse, Fox dejó atrás una cauda de amigos. Los más cercanos, sin embargo, continuaron la amistad, que en algunos casos había llegado al compadrazgo. José Luis González, por ejemplo, que reemplazó a Fox paso a paso, lo invitó a apadrinar el bautizo de sus dos hijos. Nacido en Monterrey, graduado en la Escuela de Economía de la Universidad Autónoma de Nuevo León, González siguió una carrera similar a la de Fox, al punto de que vivieron en el mismo departamento en Tampico, donde la empresa los hizo coincidir. A la vuelta de los años, González reía al comentar con sus amigos, y el propio Fox, cómo él se beneficiaba de la apostura y la timidez de su amigo: muchas muchachas buscaban al guanajuatense enorme, pero al percibir su falta de entusiasmo por ellas, orientaban su interés hacia González. Antes de sustituir a Fox en su último cargo en Coca-

Cola, González fue director de la División de Nuevos Negocios, uno de los cuales fue el refresco Sansón, de naranja y mango.

Como Fox en su oportunidad, González se fue también de Coca-Cola para emprender sus propios negocios. En la jubilación parcial de que disfruta, descansa en un rancho cerca de Tlacotalpan, en Veracruz. Se probó a sí mismo como exitoso emprendedor por su cuenta, estableciendo una fábrica de helados, Bing, en que terminó asociado con Bimbo. Pero luego vendió su parte y a la hora del triunfo presidencial de su amigo encabeza el grupo Quam, dedicado a diversas inversiones. En su despacho en Bosques de las Lomas, González gana dinero y lee, dos de los placeres que consiguió desde joven.

González estuvo siempre cerca de Fox, sobre todo cuando enfrentó agudos problemas personales y políticos. En 1997 concibió el plan de agrupar a los Amigos de Fox, de los que él era el primero. Otros que lo eran también desde el tiempo de Coca-Cola, como Lino Korrodi y Cristóbal Jaime, acudieron a su llamado. Korrodi y Fox se conocieron en 1967: "a él le tocó enseñarme el negocio de Coca-Cola", dice el economista tamaulipeco, nacido en Ciudad Victoria y graduado en el Tec de Monterrey.

Más trascendente aún que esas amistades perdurables fueron para Fox su noviazgo y matrimonio con Lilian de la Concha Estrada. Nacida en el Distrito Federal el 10 de noviembre de 1951, estudió la carrera secretarial en el colegio Margarita de Escocia. Al cumplir 20 años era ya la secretaria del señor Circuit, el jefe principal en Coca-Cola. Los relatos de ambos sobre su noviazgo y casamiento difieren de manera sustantiva. Ella dice que él la "comenzó a cortejar sutilmente", y que aprovechando que "cierto día de septiembre de 1971 un grupo de colegas de trabajo fuimos a comer al restaurante La escondida, por la carretera de Toluca", Fox "me reveló que se quería casar conmigo, si bien pedía que le diera tiempo para terminar con la novia que por ese entonces tenía".

Él, en cambio, relata así su relación con su "única novia formal", precedida por una nota sobre su manera de ser:

"...al igual que de adolescente, era malo para los asuntos de muchachas aunque, para mi agrado, ya estaban de moda las minifaldas y los *hotpants*. Siempre me consideré una persona muy introvertida en asuntos personales". Luz María Aguilar, que era su asistente, propició el acercamiento con Lilian: "En cierta ocasión me preguntó si podía acompañar a Lilian a una fiesta y fue tal la insistencia que terminé aceptando".

Iniciaron de todos modos "un noviazgo absolutamente normal, como el de cualquier pareja" aunque, explica Fox, "como yo viajaba tanto, nos veíamos los fines de semana cuando me encontraba en la ciudad de México".

Ella cuenta: "Nos queríamos casar en diciembre del mismo año, pero Vicente estaba a punto de ser enviado por la empresa a Harvard, para realizar estudios de mercadotecnia y no regresaría hasta marzo". Él se refiere a la misma circunstancia de otra manera: "Al regresar de Harvard, donde me mandaron a estudiar un diplomado de alta gerencia, lograron echarme el lazo: en 1971 Lilian y yo nos casamos".

En realidad el enlace ocurrió el 18 de marzo de 1972, en el templo de Nuestra Señora del Rayo.

Luego de viajar en luna de miel a Europa, se asentaron en un departamento del piso 12 de un edificio en la calle de Porfirio Díaz, a la vera del Parque Hundido, en la ciudad de México. En 1975 se mudaron a San Ángel, a una casa vecina del famoso restaurante de ese nombre, sobre Altavista. El predio era propiedad de doña Mercedes, la madre de Fox, y diseñó la casa el arquitecto Manuel Parra. La joven señora Fox dejó de trabajar un tiempo, pero luego fue secretaria del ingeniero Carlos Amtmann Obregón y más tarde junto con su hermana Verónica abrió una florería, llamada Viva, en la avenida Patriotismo.

En 1979 se trasladaron a San Cristóbal. A diferencia de la información ofrecida por Fox, Lilian de la Concha narró a la revista *Actual* que a él le habían ofrecido la vicepresidencia de Coca-Cola en Europa, con sede en Londres, o la de Sudamérica, con sede en Río de Janeiro. Ella se ilusionó con esa segunda posibilidad, de suerte que terminar volviendo a Guanajuato la decepcionó:

> El día que íbamos al rancho yo lloraba amargamente, pues para mí aquello era como el destierro. Durante el camino, Vicente sólo me miraba. Siempre ha sido muy poco apapachador.

Instalados en San Cristóbal, en una casa especialmente construida para ellos, decidieron adoptar una niña, ante su imposibilidad de procrear hijos. En 1980, en la casa-cuna dirigida en Monterrey por la señora Rosario Sada, les fue entregada, recién nacida, Ana Cristina. Tres años después, mediante el mismo procedimiento, llegó Vicente; Paulina, 11 meses más tarde; cuatro años después de ella, Rodrigo.

Esa experiencia los condujo a establecer en León una casa de cuna. Constituida legalmente el 16 de febrero de 1987, su trabajo comenzó el 2 de julio siguiente, día del cumpleaños del fundador. La bautizaron Amigo Daniel, en memoria del hijo menor de Cristóbal Fox, que había muerto mientras nadaba, siendo niño, en la alberca del club campestre.

> A través del tiempo —se lee en un folleto de información— Amigo Daniel se ha enfrentado continuamente con una de las más tristes realidades de nuestra sociedad, la violencia familiar. Producto de ésta son los niños maltratados o abandonados, niños que

al crecer encuentran como hogar la calle y, como amigos, la droga, el alcohol, robo, prostitución, etc.

Para evitarlo, la misión que Amigo Daniel se propuso fue "atender en forma integral a niños y niñas menores de seis años de edad en situación de abandono y/o maltrato". La institución, así, "tiene la oportunidad de brindar calor de hogar a aquellos pequeños seres que debido al maltrato y al rechazo de su propia familia se han quedado solos".

Situada originalmente en la calle Cinco de Mayo, se trasladó más tarde a Los Paraísos, a una casa donada por el señor Mario Hernández. Más adelante el municipio de León (que desde 1988 ha sido gobernado por el PAN) apoyó la donación de un terreno de 11 mil metros cuadrados en el fraccionamiento Los Naranjos, donde se encuentra en la actualidad. A lo largo de sus 13 años de vida han sido atendidos en la casa-cuna Amigo Daniel 750 niñas y niños. La mayor parte de ellos, 65 por ciento, han sido reintegrados a sus hogares propios, mientras que alrededor de la cuarta parte han sido entregados en adopción. El resto fueron llevados a otras instituciones en vista de sus condiciones particulares. En agosto de 2000 habitaban la casa 50 niñas y niños.

Son posibles tres tipos de adopción en esa casa: temprana, de niños recién nacidos y hasta dos años de edad, para padres de entre 25 y 35 años; media, de niños de tres a cinco años, para parejas de 36 a 42 años; y tardía, para padres de entre 43 y 48 años.

Con el auxilio de su hermana Susana, desde hace ocho años dirige la casa Cecilia Fox de Zermeño, la hermana de Vicente casada con Federico Zermeño Padilla, que reemplazó a su cuñado en la presidencia del Patronato Educativo Loyola, A.C., que apoya a la sede leonesa de la Universidad Iberoamericana. Encabezado por el ingeniero Javier Pérez Hernández durante más de siete años (a partir de la fundación de la Ibero en León), el Patronato ha colaborado activamente en las instalaciones físicas de la UIA de aquella ciudad. Fox fue su segundo presidente, del 6 de febrero de 1986 al 24 de marzo de 88, justo cuando comenzaba su campaña para diputado federal. En ese lapso se concluyeron las aulas (iniciadas en 1983) y se dotó de laboratorios a la Universidad. Después de Fox y su cuñado Federico Zermeño, el Patronato ha sido presidido por el arquitecto Enrique O. Aranda Flores, el ingeniero Jorge E. Videgaray Verdad, el licenciado Vicente Guerrero Reynoso (cuyo padre, don Euquerio, fue, amén de rector de la Universidad estatal, presidente de la Suprema Corte de Justicia de la Nación) y Benjamín Zermeño Padilla. De la iniciativa del Patronato han resultado el invernadero, los laboratorios de nutrición y agropecuario, la biblioteca, el aula magna y el edificio de la rectoría.

El Patronato Loyola surgió del Patronato Instituto Lux. El colegio jesuita había sido fundado en 1941 y a él acudieron los miembros varones de la familia Fox. Cuando los dos mayores concluían sus estudios, en 1959, la Compañía de Jesús decidió cerrar el Instituto, pero el operador de la instrucción, el padre Jorge Vértiz, disuadió a los responsables y propuso que para sostener la institución se estableciera un patronato. Así se hizo el 14 de marzo de 1961. Fox fue en realidad elegido presidente de ese patronato y sólo en enero de 1987, casi un año después de su elección, se formalizó ante notario la extinción del patronato del Lux y el nacimiento del Loyola. El padre Vértiz llegaría a ser rector de la UIA en León.

La propensión de Fox al trabajo de servicio se había manifestado en la ciudad de México. No lo menciona por su nombre en su autobiografía, pero fue presidente de Promoción y Acción Comunitaria de Casa Paco. Actualmente es una institución de asistencia privada, a cuya cabeza se encuentra sor María del Carmen Fuentes Quesada, prima de Fox. En su tiempo, el Patronato se dedicaba a "establecer hogares de rehabilitación para drogadictos, alcohólicos, mujeres golpeadas o abandonadas" y allí se "impartían talleres de todo tipo para que pudieran reintegrarse a la vida productiva". Posteriormente concentró su atención en los niños de la calle, en especial los afectados por discapacidad intelectual debida a desnutrición, falta de estimulación o maltrato. En su domicilio en la calle de Lucio Blanco, colonia Revolución, cuenta con dos edificios, donde atiende a 200 niños.

El destierro de Lilian de la Concha, como ella definió su traslado a San Cristóbal, se convirtió en soledad. La comunidad de los Fox estaba fundada en la oriundez, en las biografías compartidas. Los muchachos se casaron con leonesas, las muchachas con leoneses, cuyas familias eran cercanas desde siempre. No era ése su caso. En la fundación de la casa-cuna, Lilian encontró ayuda en Maco Andrade de Arenas y otras amigas, más que en sus cuñadas. Fox dedicaba gran parte del tiempo a los negocios familiares, cuya expansión propuso y era la tarea a que había vuelto. Sus ocupaciones comunitarias —en la Asociación de Industriales, en otras agrupaciones empresariales, en el Patronato de la UIA— lo reclamaban también. Cuando la política llegó a su vida, se hizo evidente la crisis de la pareja. Ella se sintió abandonada y él, se quejó ella más tarde, "no luchó por retenerla". La política, que hizo detonar el problema, también lo convirtió de tema privado, íntimo, en asunto público.

Ya era candidato a gobernador, la primera vez, cuando cometió el error de responder al uso perverso de su circunstancia familiar. La provocación surgió en un diario del Distrito Federal, en una columna política típica, de las usadas por el PRI y el gobierno para desprestigiar a sus opositores. Ésta se titula "De norte a sur y del Golfo al Pacífico" y era escrita, desde la fundación de *El Heraldo de México* en 1965, por Olga Moreno Solís, oculta tras el seudónimo Marco Polo. En la entrega del domingo 3 de febrero de 1991, se le dedicaron dos párrafos breves al todavía diputado federal:

> En cuanto a Guanajuato, la puritita verdad es que ya no entiendo a los guanajuatenses. Primero aseguraban que el compañero Fox, candidato de Acción Nacional, arrasaría en las elecciones en muchos municipios de la entidad y hasta se externaba sin ningún recato la posibilidad de que fuera el segundo gobernador panista.
>
> Ahora nos dicen que el compañero Fox no las trae todas consigo por problemas de índole familiar, de ésos que dañan mucho la imagen, y que mejor ni hablar del asunto. Así de delicado.

Fox cayó en la provocación. Había resistido que como parte de la incipiente campaña priísta, y aun irrumpiendo en la suya propia, se repartieran volantes alusivos al tema: "No puede gobernar a su mujer y quiere gobernar a Guanajuato", era el lema repetido.

El 8 de febrero, Fox dedicó su conferencia de prensa a encarar el tema, a "hablar por una sola ocasión [de] los ataques que han comenzado a presentarse contra mi familia a propósito de mi vida privada". De acuerdo con la versión del diario leonés *AM*, Fox se refirió a la columna de *El Heraldo*,

> ...en donde se me imputan ciertos hechos que no es pertinente discutir. Simplemente destaco que es altamente sospechoso que ahora que soy candidato de oposición, resulten ese tipo de declaraciones en contra de mi familia.

Refiriéndose de modo expreso al columnista (Fox no tenía por qué saber que se trataba de una autora), Fox consideró que

...ese tipo de comentarios son muestra de que no tiene argumentos políticos, ideológicos o programáticos de peso que valgan ante la opinión de los ciudadanos; por el contrario, ponen de manifiesto la pobreza intelectual y moral de quienes venden su pluma para flacos servicios a intereses mezquinos. Este tipo de campaña denigra a quienes la emplean y a quienes la aceptan como válida.

Por esos motivos, instó

...a toda la gente de buena voluntad a que rechace esta anquilosada forma de hacer política y a poner en su lugar toda esta basura, que debe ser erradicada de nuestra cultura ciudadana.

Él, por su parte, se comprometió:

Nunca he usado ni usaré la diatriba ni la difamación para competir en la lucha por cambiar el estado que guarda nuestra sociedad y nuestro gobierno. Soy un apasionado de la crítica constructiva y sana, pero siempre contra las situaciones y los hechos, material de opinión pública, pero nunca contra las personas, la dignidad o su vida privada. Considero la privacidad un tema a tratarse en otros ámbitos, y no en un medio masivo de comunicación.

No obstante que estaban separados de hecho y que Lilian se había unido a Miguel Ángel Dávalos, un empresario de artes gráficas en León, se convino en mantener la vinculación legal y aun la apariencia de normalidad conyugal. En enero anterior había aparecido un artículo firmado por los esposos Fox en contra del aborto. Y en la conferencia de prensa, además de demandar "respeto a la familia y al matrimonio", Vicente proclamó que "nadie tiene el derecho de rebajarlos a una lid electoral", por lo que le parecía intolerable la "violación de la intimidad familiar, ya no contra mi persona sino contra mi familia", algo que "no puedo aceptar ni permitir, independientemente de quién sea el candidato y el partido al que pertenezca o las conductas que nos imputen".

Tras esas generalidades, Fox se aproximó al tema específico. Definió primero su estatus familiar:

> Lilian, mis cuatro hijos y yo estamos comprometidos con la sociedad; ella cumple atendiendo una casa-cuna que alberga a más de 30 niños que han quedado sin hogar, sin contar los más de 100 niños que han encontrado, a través del trabajo de mi esposa y su equipo de colaboradoras, una familia que los proteja y eduque, y los llene de cariño y amor.

Y luego admitió:

> Como cualquier otro matrimonio hemos tenido altibajos y crisis, que en su oportunidad hemos resuelto. En pocos días cumpliremos 19 años de casados, y esperamos poder resolver los que se sigan presentando, especialmente cuando se está en campaña y las presiones y tensiones son grandes.

El divorcio se consumó en octubre siguiente, una vez concluida la campaña, y superada la aún más tensa situación poselectoral. Aunque su especialidad era el derecho corporativo, José Luis Reyes, un joven abogado egresado de la Iberoamericana, que se ocupaba de los asuntos empresariales de la familia, aceptó el pedido de su amigo Fox para representarlo en ese trance. La patria potestad de los cuatro hijos le fue concedida a él y si bien se pactaron las condiciones habituales, en cuanto a pensión alimenticia y visitas a los hijos, la buena disposición de las partes hizo todavía mejor el trato posterior a la separación. Al paso del tiempo, y sin modificar la situación legal, Paulina decidió vivir con su madre en el departamento que ocupa en León, mientras que Ana Cristina y Vicente continuaron en la casa del rancho San Cristóbal. Durante la campaña presidencial del 2000, Rodrigo había sido trasladado a Dublín, a concluir allí su enseñanza elemental.

Sin detenerse en la gestación de ese trance, Fox sencillamente dice en su autobiografía que "varios años después de regresar al rancho y adoptar a nuestros hijos sobrevino la separación entre Lilian y yo, que culminaría más tarde en divorcio". Y él mismo plantea la situación que su soltería ha suscitado:

> Desde que inicié mi lucha por llegar a Los Pinos me preguntan constantemente qué voy a hacer con lo de la primera dama, y hasta me inventan romances. Pero yo estoy totalmente inmerso y comprometido con mis cuatro hijos y con mis tareas de servicio en la política; eso me consume las 24 horas del día.

Además de su convicción, como católico practicante, de que el matrimonio religioso es un lazo indisoluble, sostiene:

> Nunca tomaría una decisión como la de casarme por razones de este tipo [político] o por taparle el ojo al macho.

La señora De la Concha, por su parte, ha accedido a abundar en la ruptura:

> Le pedí la separación el mismo 1988 —dijo a la revista *Actual*—, cuando yo pasaba por una depresión muy fuerte al haber perdido a mis padres. Pero él iba a entrar en campaña por

61

la gubernatura de Guanajuato y me solicitó que esperáramos un poco. Pasaron los meses. Yo me seguía sintiendo vacía, porque mi esposo no me acompañaba en los momentos difíciles. Nunca sentí que hiciera algo por retenerme, por entender mi situación. Me sentía muy abandonada. Quería a una persona que fuera igual de cariñosa que yo.

Luego de que terminó la campaña, tras la toma de posesión de Medina, Fox dijo a su esposa, según ella recuerda:

Hasta aquí llegó tu compromiso conmigo. A partir de mañana puedes buscar dónde irte. Muchas gracias por haberme esperado.

De la difícil incursión en los negocios familiares

Durante los años en que Vicente Fox trabajó para Coca-Cola, la operación empresarial de su familia en San Cristóbal se concentró en la producción agropecuaria. Al cultivo de legumbres se dedicaban principalmente los dos José Luis, padre e hijo. Luego, conforme crecieron las familias de los hijos, las actividades se diversificaron: se tecnificó la producción de leche que databa de los años 40, de donde se obtenían algunos lácteos; y comenzó la cría de cerdos. El menor de la familia, Juan Pablo, se hallaba en Estados Unidos cuando Vicente volvió:

"Cuando regresé, él me propuso ponerme a cargo de la operación de salidas de puercos... y del establo, de la producción de leche... Después trabajé con Jose, mi hermano; y en las botas..."

Al mismo tiempo que se adoptaba este tipo de soluciones domésticas en la integración familiar-empresarial, el recién llegado de la gigantesca trasnacional buscaba transferir las técnicas que había aprendido allí al muy diferente mundo de la empresa pequeña y mediana:

> ...decidimos construir un edificio de tres pisos de oficinas ejecutivas de primer nivel y hasta trajimos ejecutivos de México especializados en sistemas, finanzas y mercadotecnia. Recuerdo que cuando arrancó la etapa de las computadoras compramos una Fiver 80 que nos costó en esos años 120 000 dólares, pero no tuvimos el éxito que esperábamos.

El recién llegado se ocupó también de la formalización jurídica de las empresas. Así, por ejemplo, en febrero de 1981 hizo constar ante notario la constitución de una nueva sociedad, denominada El Cerrito, organizada no conforme a la Ley de Sociedades Mercantiles, sino a la de Crédito Rural. Se trataba de una sociedad de producción rural de responsabilidad limitada, cuyos socios eran los señores José Luis Fox Pont y sus hijos José Luis, Vicente, Cristóbal, Javier y Juan Pablo, todos Fox Quesada, así como las esposas de Jose y Vicente, Luz María Lozano Fuentes y Lilian de la Concha Estrada. Figuraron también Ignacio Amuchástegui, Adolfo Gómez Velázquez y Arturo Torres del Valle. Fueron designados miembros de la Comisión de Administración (equivalente al consejo de una sociedad mercantil) Cristóbal, Vicente y José Luis Fox Quesada como presidente, secretario y tesorero, respectivamente (y sus suplentes, el padre de los Fox y las señoras De la Concha Estrada y Lozano Fuentes). Y como presidente y secretario de la Junta de Vigilancia Javier Fox y Arturo Torres del Valle (con Ignacio Amuchástegui y Adolfo Gómez como suplentes).

Dada la naturaleza de la sociedad, sus miembros debían reunir requisitos innecesarios en una sociedad mercantil:

...tener a la agricultura como uno de sus principales medios de vida [...] no ser ejidatarios y estar avencidados en la localidad del domicilio social o en alguna otra cercana [...] atender su explotación agrícola y no poseer una extensión mayor de la superficie reconocida como pequeña propiedad por las leyes agrarias, ya sea como propietario, colono, arrendatario o como poseedor de buena fe [...] que su explotación agrícola se localice en las proximidades del domicilio de la sociedad... [y] no pertenecer a otra sociedad que tenga finalidad semejante a las de esta sociedad de producción rural.

La cláusula que contiene el objeto social de la empresa es, como suele ocurrir, excesivamente amplio, pero en su inciso a) lo establece el que en efecto se concretó:

...constituir, adquirir, establecer almacenes industriales y de servicios; explotar recursos renovables y no renovables de la unidad en forma conjunta o colectiva, tales como la agricultura, la silvicultura, pesca, piscicultura, porcicultura; distribuir y comercializar productos, distribuir insumos, manejar centrales de maquinaria, operar créditos para programas de vivienda de trabajadores del campo, y en general toda clase de industrias, servicios y aprovechamientos de tipo y carácter rural.

Puesto que una sociedad de producción rural era prioritaria en la obtención de crédito rural conforme a la ley vigente entonces (publicada el 5 de abril de 1976), en la escritura constitutiva se estipulaba como obligación de los socios "contribuir a la formación del capital social con una cantidad equivalente al diez por ciento de los créditos que haya recibido", así como la de "ejecutar oportunamente las labores agrícolas necesarias para obtener los mejores rendimientos de acuerdo con la técnica recomendada por el banco acreedor de la sociedad..."

Tres años después de integrada esa sociedad (vigente en el año 2000 como lo evidencian informaciones relacionadas con el uso de mano de obra infantil, prohibida por la ley), la familia Fox constituyó la sociedad anónima de capital variable denominada Congelados Don José, el 27 de julio de 1984, ante la fe del notario número 10 de León, Rolando Gómez Vargas. El objeto social sería la "compra, venta e industrialización en todas sus formas de productos agrícolas, su congelamiento, distribución, venta y exportación de los mismos", "la prestación de servicios de congelamiento de productos agrícolas por cuenta propia o de terceros", etcétera. Los accionistas de la sociedad, tenedores de diez mil acciones de mil pesos cada una, fueron los cinco varones de la familia Fox Quesada: José Luis, Vicente, Cristóbal, Javier y Juan Pablo. Cristóbal fue designado administrador único. Ingeniero mecánico administrador, egresado del Tecnológico de Monterrey, casado con la señora Emma Cabrera, Cristóbal Fox compartió con Vicente la gerencia de las empresas familiares, pero fue el responsable de ellas antes y después del retorno de Vicente y su incursión en la política. "Para que los peones desocupados encontraran empleo en León, los Fox discurrieron capacitarlos para la fabricación de calzado. Como los campesinos se resistían a abandonar el campo y el incipiente taller crecía, terminaron por instalar Botas Fox", informa la revista *Contenido* (marzo del 2000) con base en una entrevista con el propio Cristóbal.

Al prosperar la fábrica (que actualmente manufactura además de botas vaqueras, calzado especial para faenas industriales y zapatos de vestir) convencieron a los trabajadores de trasladarse a la ciudad, para asegurar el abasto de los insumos.

Un año antes de esta publicación Vicente Fox había ofrecido un balance menos optimista de la operación de esa fábrica: "Hoy en día en Botas Fox fabricamos de todo menos botas vaqueras". Las que él usa son de la marca Billy Boots, fabricadas por las familias Morales Patlán y Morales Nicasio.

En realidad, en aquel giro las cosas marcharon mal sostenidamente, después de sólo un auge breve y fugaz. Las causas del tropiezo fueron una mala percepción del mercado, pues no se consideró que el furor por las botas vaqueras estaba regido por una moda pasajera; y la desproporción entre el tamaño y la proyección de la empresa y los afanes mercadotécnicos de Vicente, que hizo gastar mucho dinero en promociones como la visita de Mar Castro, la Chiquitibum del Mundial de 86, y la exhibición en función de gala de Midnight Cowboy, todo, como reconoce el propio Fox, "para la inauguración de una tienda de 1.5 por 2 metros".

Una diversidad de factores como los anotados y los que objetivamente dañaron la operación de la economía privada después de cada crisis (la de 1982, la de 1987 y la de 1995) condujeron a las empresas de los Fox a una situación crítica, que se ilustra con el caso de un crédito otorgado por Banca Serfín a Congelados Don José el 11 de diciembre de 1995, por 1 450 000 dólares. Puesto que el financiamiento fue otorgado a una persona moral, sus socios, los hermanos Fox Quesada, incluido Vicente ya para entonces gobernador de Guanajuato, a título personal firmaron como obligados solidarios.

José Luis y Vicente, además, como presidente y secretario de la empresa acreditada, constituyeron garantía hipotecaria sobre el lote número 2 de San Cristóbal, con una superficie de 57 156 metros cuadrados. Ese inmueble había sido adquirido por Congelados Don José a José Luis Fox Pont el 15 de agosto de 1985.

Igualmente se constituyó hipoteca sobre el lote 4, que como recordará el lector había sido adquirido el 1o. de agosto de 1969 por Cristóbal Fox a su tía Bertha Fox Pont. También fue hipotecado el lote 7, el que había recuperado en 1950 el señor Fox Pont para su hijo Vicente, menor entonces. Asimismo, se fincó hipoteca sobre un predio de nueve hectáreas 45 áreas, propiedad del señor José Luis Fox Quesada, que lo adquirió el 22 de agosto de 1979 por diligencias de información testimonial *ad perpetuam*, que es el nombre del procedimiento para apropiarse de un bien vacante, es decir, sin dueño. Por último, se constituyó prenda en primer lugar de preferencia sobre maquinaria y equipo, mobiliario y equipo de oficina, y equipo de transporte de Congelados Don José, que para entonces ya no era la sociedad anónima de capital variable que se constituyó 11 años atrás, sino se había convertido, como lo fue El Cerrito desde su origen, en sociedad de producción rural de responsabilidad limitada de capital variable.

La empresa no pudo cubrir el crédito en las condiciones pactadas, de suerte que al 26 de junio de 1998 adeudaba ya no un millón 450 mil dólares del financiamiento original, sino un millón 899 mil 875 dólares con 77 centavos, siendo la diferencia el monto de los intereses insolutos. El 29 de junio las partes reestructuraron el crédito, mediante el reconocimiento de los acreditados del nuevo monto de lo adeudado, y la conversión de sus garantías hipotecarias en garantías de primer lugar y grado de preferencia (a diferencia del contrato original, en que alguna de las hipotecas ocupaba el 26o. lugar). El crédito se convirtió a pesos, resultando un total de 17 millones 288 mil 869 pesos 50 centavos, respecto de los cuales Banca Serfín hizo una quita de cuatro millones 120 mil 407 pesos 17 centavos, con lo que el importe adeudado fue de 13 millones 168 mil 462 pesos 33 centavos.

La quita se haría efectiva si los Fox pagaban conforme a las obligaciones que contrajeron, que incluía hacerlo dentro de 180 días naturales, con intereses que sumaban seis puntos porcentuales a la tasa anual de rendimiento de los Certificados de la Tesorería (Cetes).

Para infortunio de los Fox, no era ése su único problema crediticio, ni el mayor. Sólo era de menor monto el contrato con Banamex, por un millón 200 mil dólares. En cambio, con Probursa (y, en consecuencia, con Banco Bilbao Vizcaya, que absorbió al banco que fuera de José Madariaga, antiguo compañero de aula de Fox en la Iberoamericana), el adeudo llegó a 2.5 millones de dólares. Con todo, estos financiamientos, así como el de Serfín, pudieron ser reestructurados.

A diferencia de ellos, se complicaron extraordinariamente otros créditos. Uno de ellos, de un millón 300 dólares, se concertó con Bancen, que fue absorbido por Banorte. Y otro, cuyo monto es de tres millones 800 mil dólares, se había logrado con Banco Mexicano, que se convirtió después en Banco Santander Mexicano. Esos dos créditos, contratados por Congelados Don José, de que es parte Vicente Fox, forman parte del acervo del Fobaproa, pues "el ciento por ciento de la cartera de Santander —según explicó Cristóbal Fox al reportero Alejandro Almazán— fue vendida al Fobaproa, y de ahí al IPAB. Lo mismo pasó con el otro banco al que le debíamos, Bancen, y que lo absorbió Banorte. Y cualquier mexicano que haya estado con esos bancos ahora está en el IPAB" (*Milenio*, 4 de octubre de 1999).

Con aristas más agudas se presentó la relación de los Fox con el Banco Nacional de Comercio Exterior (Bancomext). Ésta se originó en el financiamiento que a partir de 1993 otorgó la Unión de Crédito de Exportadores del Centro (Ucreece) a Fábrica de

Botas Fox, Congelados Don José y El Cerrito, que la unión redescontaba en la línea de crédito autorizada por Bancomext.

Se abrió a la empresa zapatera del grupo una línea de habilitación y avío por 483 969 dólares (tal era el saldo al 30 de junio de 1999), destinados a la compra de materia prima y a fortalecer la estrategia de ventas de la fábrica. El préstamo se garantizó con los inventarios totales dejados en prenda, a través de un certificado de depósito a favor de Ucreece y la cesión de derechos de cobro de las facturas de exportación.

Congelados Don José recibió autorización para una línea de crédito de hasta 782 mil dólares, para mejorar la producción. El saldo a la fecha indicada era de 489 950 dólares. Una de las garantías fue un rancho propiedad de Luz María Lozano Fuentes, esposa de José Luis Fox Quesada.

Era menos favorable aún la posición de El Cerrito: de una línea de financiamiento hasta de 490 mil dólares, el saldo al 30 de junio de 1999 había crecido hasta 777 875 dólares. Lo garantizaba el mismo rancho hipotecado en el crédito anterior.

En diciembre de 1996, Bancomext tomó la cartera de Ucreece y se estudiaron formas para reestructurar adeudos como el del grupo Fox. Sin embargo, según se lee en un documento interno del banco, citado por *Milenio* (de donde proceden las cifras de estos créditos), "las reestructuraciones no se concretaron, dados los incumplimientos de diversas condiciones... además de que (los deudores) no pudieron sustentar su solicitud para liquidar en forma anual los créditos".

En julio de 1997, Bancomext acudió a los tribunales para hacer efectivos esos préstamos. Por esos mismos días, otra empresa no de la familia sino en la que participaba sólo el menor de los hermanos, Juan Pablo, recibió un crédito de uno de sus clientes en Estados Unidos. Se trataba de Vegetales Frescos, S.A.

de C.V., cuya sigla utilizada en la papelería es la misma de Vicente Fox, VF). Esa compañía recibió un préstamo de 375 000 dólares de la firma Southeast Produce Ltd. (del que se vendría a saber cuando el acreedor inició litigio en Nueva York, en septiembre de 1999, ante la falta de pago de las dos primeras anualidades). En octubre de 1997 esta misma empresa, en que Juan Pablo Fox participaba con los miembros de la familia Padilla Cordero, recibió un nuevo crédito, esta vez del First National Bank, por 100 000 dólares, del que también se tendría noticia pública como parte de una escandalosa campaña contra Fox, en vísperas del 2 de julio del 2000.

En ese mismo octubre, el grupo Fox propuso a Bancomext la dación en pago de un terreno en Acapulco. El banco no aceptó la oferta "pues se trataba de un bien que presentaría muchos problemas para su comercialización". En marzo de 1999 se produjo un nuevo ofrecimiento de los Fox: "un pago en efectivo por el equivalente al valor comercial del rancho en San Francisco del Rincón a cambio del finiquito de sus adeudos con Bancomext". La revista en donde se publicó esta información interpretó que "la propuesta equivalía a pagar 100 000 dólares, que es el resultado de un avalúo hecho por un experto en materia agrícola". Y como así lo consideró además el banco, la propuesta fue rechazada. También lo fue una nueva oferta, que llegaba a 175 000 dólares. El 13 de mayo de 1999 el Comité Interno de Crédito de Bancomext emitió su negativa "tomando en cuenta que en su oportunidad se presentó un avalúo en el que se indicaba que dicho predio tenía un valor de 4.5 millones de pesos".

Por esa razón, el banco resolvió continuar los procedimientos judiciales, "no obstante —dice un documento interno— las dificultades que se han tenido en los juzgados de León para avanzar en los juicios, tomando en cuenta contra quiénes están dirigidas las acciones legales", insinuación carente de sustento según Cristóbal Fox, quien sostuvo que los juicios fueron iniciados por Bancomext en la ciudad de México. Ambos tenían razón, sin embargo, porque los litigios se tramitaron en el Distrito Federal, pero se giraron exhortos a aquella ciudad guanajuatense.

Como quiera que sea, continuaron los esfuerzos más allá de los tribunales para resolver el caso. El 23 de agosto los deudores y el acreedor estudiaron tres alternativas para la liquidación de 1 756 000 dólares a que ascendía el débito de las tres empresas. En octubre siguiente el banco aceptó el pago de menos de una cuarta parte del total, 440 000 dólares. Según la versión de *Milenio*, el departamento legal de Bancomext convenció a los consejeros de tomar esa opción con el argumento de que "si vamos por el proceso jurídico, lo máximo que vamos a obtener es el importe de las garantías, 100 000 dólares". El director de la institución, Enrique Vilatela, hizo suyo el razonamiento: "Más vale un mal arreglo que un buen juicio".

Era, ciertamente, un mal arreglo en su opinión. Y Vilatela no escondió su disgusto y su censura a los deudores: "No estoy conforme con el acuerdo al que se llegó porque sólo nos van a pagar el 14 por ciento del adeudo total. No es decente... Y así hay otros empresarios que, a raíz de la crisis, se aprovecharon para no pagar. Los Fox son unos de ellos".

El candidato presidencial miembro de esa familia reaccionó muy irritado contra la publicación de la disputa entre los Fox y el Bancomext, y contra esta misma institución. Ante un grupo de reporteros preguntó al presidente Zedillo, al comenzar octubre de 1999:

¿Me estás viendo por televisión en este momento? ¿Qué pasó que no ibas a intervenir en el proceso electoral y no ibas a atacar a la oposición? Es la misma gata encerrada: una y otra vez volver sobre las empresas de Fox; volver sobre el asunto del Fobaproa. Yo ya no estoy en los negocios de mi familia.

Agregó, por otra parte, casi simultáneamente con el arreglo de la disputa entre su familia y Bancomext:

> Me parece muy pobre que el gobierno federal, a través del Banco de Comercio Exterior, ahora esté tomando partido y también quiera golpear a Fox. Francamente, Vilatela deja de ser para mí una persona seria, honesta; nunca pensé que él andaría entre las patas de los caballos. Zedillo, detén a tu amigocho Vilatela, porque están metiéndose donde no deben. Da vergüenza que se estén comportando de esa manera Vilatela y tú, señor Zedillo.

Respecto de la revista donde apareció la información que lo indignó, amén de intentar un juego de palabras (Miliébano), sugiriendo que la publicación era propiedad de o estaba manejada por el secretario particular del presidente Zedillo, Liébano Sáenz, Fox insinuó también que violaba

> ...el secreto bancario para enterarse de la información que, además, ni corresponde a la realidad y sin embargo la dan públicamente como buena. Me parece que no es muy serio de parte de esa revista sacar este tipo de información.

No obstante, poco después Fox se comería sus palabras. Por eso hemos citado en abundancia expresiones que, en otras circunstancias, serían meros chismes. Porque el episodio concluyó en la primera petición de perdón público en las que después sería pródigo Fox. El 29 de noviembre, como evidente resultado de una amigable composición, Vicente Fox y Federico Arreola signaron un extraño, insólito "comunicado a la opinión pública" en que consta la rendición del entonces candidato presidencial:

1. *Milenio* realizó un trabajo periodístico inobjetable... Documentó la problemática financiera del grupo Fox, pero en ningún momento dijo que Vicente Fox participa en ese grupo, ni expresó que el candidato a la Presidencia de la República estuviera involucrado en el Fobaproa.
2. A raíz de dicha publicación, Vicente Fox ha sido entrevistado por diversos medios de comunicación de toda la república. En cada ocasión ha dicho que la información de *Milenio* no es precisa y es dolosa, y en algunas ocasiones ha expresado que tiene su origen en la Presidencia de la República.
3. *Milenio* entiende que estos comentarios de Vicente Fox se dan al calor de una reñida competencia electoral.
4. Vicente Fox entiende lo mismo y acepta que la información publicada por *Milenio* es verídica. Ahora le queda claro que Liébano Sáenz no es accionista de *Milenio*. Vicente Fox no tiene, ni le interesa tener, prueba alguna sobre la propiedad de la revista.
5. Vicente Fox reitera que no es accionista de Congelados Don José ni de Fábrica de Botas Fox y que está de acuerdo en que cualquier ilegalidad relacionada con el Fobaproa debe hacerse pública, sin menoscabo de las (*sic*) miles de empresas, como las arriba mencionadas, que fueron víctimas de las equivocadas decisiones del gobierno federal.
6. *Milenio* acepta satisfactoriamente estos argumentos.

También opera otra sociedad de producción rural de responsabilidad limitada de capital variable, llamada Fox Brothers. Su domicilio es el mismo de Vegetales Frescos (carretera León-

Cuerámaro kilómetro 13) y es vecina de Congelados Don José (situada en el kilómetro 12.5). Figura como su director general José Luis Fox Quesada y se dedica a producir y exportar brócoli, col china, chícharo chino y coliflor a Estados Unidos y Japón. La empresa fue incluida en la denuncia sobre financiamiento ilegal a la campaña de Fox que se detalla en el último capítulo de este libro.

3. Las enseñanzas de don Manuel

Vicente Fox ha insistido en que un telefonema de Manuel J. Clouthier lo forzó a mudar su tranquila vida privada por los azares de la política. Hasta ha fijado el día: el 3 de noviembre de 1987. Sin duda, cualquiera que sea la fecha en que haya ocurrido, el llamado del futuro candidato presidencial fue eficaz, pero hay que entenderlo sólo como un símbolo que condensa el proceso de acercamiento de Fox a la militancia partidaria y electoral.

Fue Ramón Martín Huerta el primero que le vio perfil político. Después compañero suyo en la Cámara de Diputados, su secretario de Gobierno y sucesor en la gubernatura, Martín Huerta fue director general de la Asociación de Industriales de Guanajuato (AIG) entre 1984 y 1987. Había llegado a tierra guanajuatense desde la cercana ciudad de San Juan de los Lagos (donde nació el 24 de enero de 1957) para estudiar administración de empresas en la Universidad del Bajío, de los lasallistas. Además de dirigir aquel organismo empresarial, presidido por el industrial peletero Elías Villegas, Martín Huerta fue pionero en la caza de talentos. Como hábil *head hunter*, convenció al joven ingeniero Carlos Medina Plascencia de dedicar menos tiempo a la conducción de automóviles deportivos y entrar en la política. Lo consiguió en 1985, al mismo tiempo que influyó para que Villegas y Medina entraran en la planilla panista para el Ayuntamiento de León. No consiguieron el triunfo, pero ambos quedaron integrados al cabildo, como regidores. Él mismo fue diputado suplente durante la LII Legislatura federal.

Con Fox, vicepresidente de la asociación, Martín Huerta demoró un poco más. El gobernador Enrique Velasco Ibarra se había hecho amigo cercano de los Fox Quesada e incluso a Vicente —que volvió a su tierra al mismo tiempo que se iniciaba el gobierno de aquél— "se le identificó como colaborador en la organización de actos priístas". Con esas palabras se lo dijo Francisco Javier Mares, reportero de *AM*, en lo que quizá fue la primera entrevista de Fox como político, y que apareció el 29 de febrero de 1988 en la edición leonesa de aquel diario. Fox repuso:

Nunca tuve una participación real... tuve una amistad con él (Velasco Ibarra), con mucha gente que estaba en esos momentos, tuve muchas relaciones con ellos... Por otro lado, confieso, yo creo que en algún momento casi todos los mexicanos de repente hemos visto en el partido oficial, en el sistema, buenas intenciones; lo que es más, si toma uno declaraciones, principios, comunicaciones públicas, caray, casi comulga uno con todo. La gran diferencia está aquí, entre eso y la práctica...

El director de la AIG —que era al mismo tiempo secretario general del Comité Estatal panista— hablaba de política con el vicepresidente de los industriales y cuando consideró que estaba a punto de la persuasión, sugirió al presidente del PAN en Guanajuato, Alfredo Ling Altamirano, que lo invitara formalmente.

En octubre de 1987, antes que el telefonema de Clouthier, Ling visitó a Fox en sus oficinas de la calle Venustiano Carranza 705 (Botas Fox) y le entregó la declaración de principios y los estatutos del PAN, y un catecismo titulado "Respuestas" que contestan a las preguntas más frecuentes sobre ese partido. Y en diciembre siguiente hizo el breve viaje de León al rancho San Cristóbal, en busca de la reacción de Fox. Éste ya había hablado con Clouthier telefónica y directamente. Dos semanas después de su postulación, ocurrida el 20 de noviembre, el ex candidato a gobernador de Sinaloa había estado en aquella ciudad. "Yo le recomendé a *Maquío* que le hablara a Fox", ha dicho Ling Altamirano. Poco después Fox llenaba su solicitud de afiliación.

Clouthier sí había tenido una vinculación con el PRI. En 1971 hasta buscó ser candidato a la presidencia municipal de Culiacán. Había nacido allí en 1934 y tras graduarse como ingeniero agrónomo en el Tecnológico de Monterrey y hacer estudios superiores en Estados Unidos, había vuelto a su terruño, a ocuparse de negocios agrícolas. Además de crearse un patrimonio (especialmente el rancho Paralelo 38), de inmediato se interesó en la representación del empresariado rural y fue secretario y presidente de la Asociación de Agricultores del Río Culiacán. Entre 1971 y 1973 encabezó la poderosa Asociación Nacional de Productores de Hortalizas.

En ese periodo se recrudeció la lucha agraria, al mismo tiempo que crecía la insurrección guerrillera en algunas ciudades. Clouthier se puso alerta, para enfrentar la demagogia de Echeverría. Participó en la creación del Consejo Coordinador Empresarial en 1974 y estableció en Culiacán la filial sinaloense de esa cúpula patronal que se aprestaba a encarar al gobierno. Luego impulsó el aglutinamiento de los empresarios agrícolas, en lo que sería el Consejo Nacional Agropecuario y en marzo de

1978 fue elegido presidente de la Confederación Patronal de la República Mexicana. Los años de lucha frente al gobierno, que significaron también el combate a invasiones a los predios de Clouthier, fueron radicalizando su posición, que encontraba en la Coparmex un campo idóneo para desplegarse. Fundada en 1929 como sindicato patronal de afiliación voluntaria, su actitud ante el gobierno contrastaba a menudo con las de las confederaciones de industria y comercio, con frecuencia subordinadas al gobierno. Los excesos de Echeverría y la frustración de la esperanza que los empresarios depositaron en López Portillo generaron una nueva actitud política en los cuadros dirigentes del sector privado.

En un libro biográfico sobre su amigo *Maquío*, José María Basagoiti, que sucedería a Clouthier al frente de la Coparmex y como él se haría miembro del PAN, la sintetiza al considerar

...que en aquellos tiempos se formaron los líderes políticos de la oposición y nació la actividad política paralela a la empresaria: hasta entonces nos habían asustado siempre desde el PRI, desde los sindicatos, a través de Fidel Velázquez y su comparsa, con la idea de que el empresario no podía participar en política, porque era peligrosísima la colusión del poder político con el económico.

No obstante la creciente distancia entre el gobierno y el empresariado, en 1980, cuando concluyó su presidencia en la Coparmex, Clouthier fue todavía destinatario de los elogios de López Portillo. Pero todo cambiaría en los años inmediatamente siguientes. Clouthier volvió al liderazgo empresarial, como cabeza del CEE en mayo de 1981, en vísperas de la crisis petrolera que hundiría a México en otra de mucho mayores proporciones. Todavía en marzo de 1982 parecía posible evitar el rompimiento: en una asamblea de la Concanaco López Portillo conmovió a los empresarios. "*Maquío*, sobrecogido, fue el primero en levantarse de su asiento para aplaudirle y brindarle, en nombre de los empresarios que representaba, su apoyo".

Pero el 1o. de septiembre López Portillo expropió la banca y decretó el control de cambios. Clouthier le había remitido poco antes una carta personal, en que "le sugería que retomara el camino inicial, que no todo estaba perdido, que nunca era demasiado tarde para corregir y que, si lo hacía, si rectificaba el rumbo, contaría con todo su apoyo". Así lo dice Enrique Nanti en su obra sobre Clouthier. Pero el presidente escogió el camino contrario y Clouthier se sintió burlado, frustrado, indignado. A contrapelo de la posición de los banqueros, que preferían negociar con el presidente entrante —faltaban tres meses para el relevo del Ejecutivo—, Clouthier emprendió una cruzada, una serie de actos y proclamas bajo el título "México en la libertad", antecedida por una contundente declaración formulada apenas 24 horas después del anuncio presidencial.

Era un catecismo de 17 preguntas y respuestas, donde se criticaba la expropiación:

> La banca privada mexicana ha sido una de las bancas más profesionales y responsables del mundo. El control que tenía sobre ella el gobierno aseguraba su funcionamiento estricto dentro de los objetivos y políticas nacionales. La expropiación fue una medida totalmente innecesaria, que traerá graves consecuencias para la vida económica del país, ya seriamente vulnerada en estos momentos. La única explicación posible es que ante el fracaso de su política económica, el gobierno buscó a quién culpar de una situación de la que la banca no es responsable.

Bajo la firma de Clouthier, atribuido al CCE (y probablemente escrito por Luis Felipe Bravo Mena, que sería después presidente nacional del PAN), se emitió este diagnóstico de tono casi apocalíptico:

> Esta expropiación se ve como un paso definitivo hacia la estatización de la vida económica del país, estatización que es ineficiencia, burocratismo, corrupción y amenaza totalitaria. Se ha traspasado un umbral crítico. La solidez de la empresa privada, su futuro, su papel como centro de producción y empleo, vital para la reconstrucción del país, está en entredicho.
>
> Para el empresariado de México, el futuro se ve con total incertidumbre y desconfianza. La estatización de la banca es un golpe definitivo a la actividad empresarial privada y una señal clara de la entrada del país al socialismo.

Sólo los empresarios, organizados políticamente y ya no en el partido del gobierno, podían impedir ese curso de la historia mexicana, pensó Clouthier. Así, pues, la nacionalización bancaria lo colocó en las rutas de la oposición. No hubo nadie en particular que lo influyera a tomar esa decisión, aunque experimentó muy de cerca la lucha frustrada de su tío Jorge del Rincón por ser alcalde de Culiacán sostenido por el PAN, en 1983. Al año siguiente, en Mérida, en un mitin de campaña del joven Carlos Castillo Peraza, anunció su afiliación a ese partido. Estaban haciendo lo mismo decenas de empresarios en todo el país, que pronto ostentarían candidaturas a alcaldías y gubernaturas.

Clouthier asumió la suya al gobierno sinaloense en 1986. Tuvo que enfrentar una campaña poderosa y sin escrúpulos. El PRI, que nunca había perdido una elección de gobernador, no iba a empezar en ese caso, ante un prominente líder empresarial y siendo su candidato un favorito del presidente, su antiguo subsecretario en la SPP y miembro de su gabinete. Francisco Labastida dispuso de recursos de toda laya para imponerse por una diferencia de más de dos votos a uno. Sin embargo, los votos que le fueron reconocidos a Clouthier, 163 649, mostraron su poder de convocatoria, pues hasta ese momento el PAN había contado con votaciones exiguas.

Ese resultado, y su recia aunque inútil resistencia posterior, lo pusieron en camino a la candidatura presidencial. Se condensó en la convención panista de noviembre de 1987 una pugna interna cuyos contornos se habían afinado en el lustro anterior, entre el sector tradicional, doctrinario, y el sector moderno, formado por empresarios de reciente ingreso al que se llamó neopanismo por eso. Fueron precandidatos tres representantes de aquella tendencia (Jesús González Schmall, Jorge Eugenio Ortiz Gallegos y Salvador Rosas Magallón) y Clouthier abanderó la corriente a la que la voz popular llamaba "los bárbaros del Norte" y de la que formaban parte Francisco Barrio en Chihuahua, Ernesto Ruffo en Baja California, Rodolfo Elizondo en Durango y Fernando Canales en Nuevo León. El tradicionalismo quedó aplastado, al ganar Clouthier en la primera ronda con más de 70 por ciento de los votos.

Para afianzar su posición dentro del PAN, antes y después de la convención Clouthier se puso al habla con dirigentes empresariales con los que había entrado en contacto durante sus andanzas en el liderazgo patronal. Así estableció comunicación con Martín Huerta y con Fox. Así entabló con éste el 3 de noviembre el diálogo que Fox ha relatado innumerables veces, en que lo instaba a entrar en la política.

En una versión más terrestre, Martín Huerta ha narrado que cuando propuso a Fox ser candidato, repuso en son de broma:

—A mí no me invite a ser diputado, yo quiero ser gobernador.

Y luego preguntó qué hacían los diputados, porque quería aceptar.

En abril de 1988 Fox fue elegido candidato a diputado federal por el tercer distrito de León. Elías Villegas y Ramón Martín Huerta lo fueron también, éste en la planilla plurinominal y aquél por el segundo distrito de la ciudad leonesa, donde hasta hacía poco tiempo sólo había espacio para la lucha heroica de los militantes apostólicos como Juan Manuel López Sanabria, un popular médico al que se le había arrebatado el triunfo en la elección municipal de 1976.

Los primeros pasos de Fox en la política fueron difíciles. Sus apariciones iniciales ocurrieron en "mítines de 12 personas, en su mayoría niños. Cuentan que Vicente preguntaba y volvía a preguntar hasta cómo pararse; cómo en un mitin en la colonia Santa Clara y otro en el barrio de San Miguel, en León, le costaba hilvanar un par de ideas; el que leyera su mensaje, resultó peor: yo no le sé a esto del micrófono, decía al iniciar y concluir sus breves discursos". Así lo reconstruyeron años después los reporteros de AM Cutberto Jiménez y Sara Noemí Mata.

Pero así como preguntaba, opinaba también sobre el partido que lo cobijaría: "Mucho del trabajo que debe hacer el PAN es hacia dentro, tal vez más que hacia afuera. Hay que darle mística, para después trabajar hacia la calle". Al mismo tiempo, se esforzó por introducir al PAN, según recordaría años más tarde Ling Altamirano, "espíritu de equipo, de planeación estratégica, de disciplina".

Los resultados lo llevaron a San Lázaro. Obtuvo 57.73 por ciento de los votos, un total de 29 261 mientras que el PRI se quedó en 18 460 votos, 36.42 por ciento. El candidato perdedor fue Juan Rojas Moreno, muy cercano al dirigente nacional cetemista en la industria cementera, Juan J. Varela. Tampoco su hijo Héctor triunfó en esa ocasión, pues también sucumbió enfrentado en el semejante distrito local con J. Guadalupe Vargas, por lo que no pudo recibir la herencia que su padre parecía haberle escriturado, pues el líder había ganado tres veces antes la elección en ese distrito.

El fragoroso ambiente de la LIV Legislatura fue idóneo para el despliegue de las habilidades histriónicas de Fox, para permitir que fluyera su vocación por la espectacularidad. Aunque el PRI había conservado la mayoría absoluta, era una precaria mayoría: 260 diputados contra 240, aunque los priístas hicieron tres adquisiciones (en sentido estricto) y ensancharon levemente su ventaja. Pero, al contrario de lo que había ocurrido hasta entonces, cuando aplastaba la débil voz de los opositores, pues estando vigente la autocalificación, ahora no podía ni siquiera evitar la discusión de los casos en el Colegio Electoral. Los presuntos derrotados urgían a la revisión de los paquetes electorales, dado que se habían alterado las actas en que se basaban los dictámenes. Abrir los paquetes se convirtió entonces en una obsesión. Recuerda Fox en sus memorias:

Un día un puñado de panistas y representantes del Frente Democrático Nacional decidimos bajar a los sótanos de la cámara para abrir personalmente los paquetes electorales. Treinta y dos legisladores, todos muy envalentonados, nos organizamos y empezamos a caminar. Cuando llegamos a esos lúgubres sótanos nos recibieron por lo menos 100 miembros del Ejército, que se encontraban allí no para defender a la nación, sino al sistema y al Presidente de la República.

"Un paso más y se mueren, cabrones", nos advirtieron, y cortaron cartucho. Aunque nos íbamos zurrando del susto le echamos valor civil y dimos unos cuantos pasos más, pero terminamos por dar marcha atrás; todavía no era el momento de entregar la vida por la patria.

Difiere de ésa la versión ofrecida en un libro sobre Abel Vicencio Tovar, que era el coordinador de los diputados panistas y autor de la iniciativa de bajar al sótano en pos de los paquetes. Se reproduce en esa obra una crónica de Martha Anaya, reportera de *Excélsior*, que estaba presente y consigna el instante en que soldados y futuros legisladores se encaran, momento en que "no había nadie capaz de emitir palabra y romper ese silencio terrible en el que sólo los rostros parecían hablar". Fue Vicencio el que lo hizo. Dio un paso adelante e invocó a los "¡señores militares!" Preguntó quién estaba a cargo. Y habló con un teniente coronel, quien le explicó que era imposible darles acceso al lugar donde se almacenaban los paquetes. No tenía la llave, dijo, y si la tuviera no la pondría a disposición de nadie que no fuera el presidente del Colegio Electoral, único del que obedecía órdenes. Propuso entonces la retirada y él mismo fue el primero en emprenderla.

El debate en los 15 días últimos de agosto de 1988 facilitaba los golpes de mano, los gestos teatrales, como el protagonizado por Félix Salgado Macedonio, que luego sería senador y en el 2000 volvió a San Lázaro. En aquel entonces arrojó desde la tribuna el contenido de costales llenos de boletas a medio quemar, rescatadas de un basurero. Esa demostración del fraude en su distrito guerrerense le permitió ganar su curul. Y quizá inspiró a Fox, que no tuvo problema en su caso, pues ni siquiera fue discutido, pero lo preparó para la calificación de la elección presidencial.

Antes, en el debate general sobre diputados de mayoría, hizo su primera intervención, apelando a tres priístas, amigos o conocidos, presuntos diputados como él a quienes quiso comprometer con la causa democrática. Por los rasgos autobiográficos que contiene y porque constituyó su debut parlamentario, es útil reproducirlo íntegro, tal como fue dicho el 28 de agosto de 1988:

Quince días han pasado. Miles de voces han mencionado las palabras democracia, pluralidad, cambio, México nuevo. Pero las cosas siguen igual. La ciudadanía nos ha mandado aquí a este recinto a entendernos, a usar la razón, a utilizar la palabra para convencer, pero las cosas siguen igual.

El señor Norberto Corella ha apelado a la confianza, otros han utilizado gritos y sombrerazos, pero las cosas siguen igual. Aquí estamos haciendo ahora un nuevo intento de cumplir con el mandato del pueblo. El claro mandato de la ciudadanía: revisen, califiquen y despejen toda duda; dialoguen, comuniquen, razonen, legislen y determinen el nuevo rumbo del México que queremos.

En vista de la inutilidad de dirigirnos a la mayoría del priísmo para hacerlo entrar en razón, prefiero dirigirme a tres amigos que se encuentran aquí. A Demetrio Sodi, con quien compartí emocionantes partidos de futbol jugando para el mismo equipo y compartimos banca estudiando en la misma universidad, que por cierto se rige bajo el lema "La verdad nos hará libres".

Quiero dirigirme también a Jaime Castrejón, a quien guardo gran aprecio y amistad, con quien tuve gran relación de negocios, al igual que con su padre. Por último, a don Antonio Martínez Báez. Sin haberlo tratado directamente, mucho he hablado de él con un gran amigo mutuo, don Jesús Rodríguez Gómez.

A ellos quiero pedirles oído, razón, conciencia para que desde su trinchera hagan entender al sistema y a su partido los nuevos tiempos, las nuevas realidades, las nuevas aspiraciones de la ciudadanía. Entender y hacer entender que el pueblo, ahora ciudadano en el sentido más amplio de la palabra, quiere, desea, solicita y exige un cambio, un cambio muy sencillo: que se le respete, que se reconozca que él es el mandante. Qué tiempos, qué momentos

85

estos tan históricos, qué grandes oportunidades para líderes comprometidos, para líderes inteligentes y decididos.

Aquí, aquí mismo a mis espaldas hay espacios en estas cuatro columnas. Hay espacios para nuevos nombres, para nuevos líderes visionarios que sean conscientes de las nuevas realidades.

Don Miguel de la Madrid, presidente de los Estados Unidos Mexicanos, licenciado Salinas de Gortari, aquí hay espacios para gente que quiera entrar en la historia. Estamos a tiempo, están ustedes a tiempo de ir con la historia y no oponerse a ella. Están a tiempo de entender el momento y participar positivamente en él. Están a tiempo de ser reconocidos por la historia y no ser doblegados contra su voluntad por la ciudadanía a reconocer en plenitud la democracia, que es lo que necesita este país.

Pero así como estamos en la parte escenográfica de este palacio, en el escenario de brillo y alegría, también tiene sus sótanos lúgubres y oscuros, donde se tira la basura, donde deambulan las ratas y se encuentran los paquetes electorales. Allí donde se oculta la verdad, se esconde el fraude y evita que surja la democracia y la pluralidad que la ciudadanía nos ha pedido. Estas columnas también tienen hacia abajo su lado negro. Aquí se registran los nombres de los enemigos de la patria y también aquí hay mucho espacio esperando nombres, nombres de gobernantes miopes que no entienden el momento histórico, de funcionarios públicos ciegos, rateros o incapaces, nombres de empresarios que no entienden su responsabilidad social, nombres de líderes sindicales corruptos y antidemocráticos, nombres de presuntos diputados que no aceptan el México que ya cambió.

Es la ciudadanía la que nos va a mandar aquí arriba a este recinto de democracia, pluralidad y del México nuevo, o nos enviará allá abajo con los paquetes, con la mugre, con los enemigos de México.

Quiero ahora, con la venia del señor presidente, solicitar a esta asamblea que en votación económica, quienes consideren que el tema del fraude en las pasadas elecciones del 6 de julio está suficientemente probado, me hagan el favor de ponerse de pie.

Debo entender, dado que los presuntos diputados de la mayoría no se han puesto de pie, que aún no aceptan que hubo fraude generalizado el pasado 6 de julio.

Pues entonces allí les va una pequeña historia sucedida en el estado de Guanajuato, precisamente en León, donde el PAN ganó en forma contundente a pesar del fraude. Efectivamente, se ganó a ley carro completo: tres diputaciones federales, tres locales, la senaduría y la presidencia de la república.

No los voy a aburrir. Sólo les presento aquí los tres periódicos importantes de la ciudad. Y no quiero que los secretarios los lean para que no se apenen: Rellenas las urnas requisadas por los ciudadanos. Mostraban votos a favor del PRI. Viejos vicios aparecieron desde antes de iniciar las votaciones. Numerosas, uno de tres distritos de León contenían miles y miles de boletas a favor del PRI.

Luego de abundar en detalles de la elección leonesa retomó su llamado a sus amigos priístas:

A Jaime, a Demetrio, a don Antonio, a quienes considero amigos honorables, los invito a asumir su responsabilidad en su propia trinchera. Y a todos los aquí presentes los invito a que entendamos: juntos tenemos la oportunidad de responder a la confianza que los ciudadanos han depositado en nosotros.

Ninguno de los tres diputados mencionados eran priístas del montón. Esos amigos de Fox tenían ya entonces, y las continuaron después, historias singulares. Citados en orden de aparición en la vida, el primero de ellos es Martínez Báez, casi centenario cuando Fox asuma la Presidencia de la República, pues nació en 1901. En vida tan larga sus desempeños han sido casi infinitos, así en la administración pública (donde llegó a ser secretario de Estado, de Economía, en el gobierno de Miguel Alemán) que en la tarea académica. Impulsado por su amigo Jesús Reyes Heroles, fue diputado por primera vez en 1973 y en 1982 fue elegido senador, de modo que cuando Fox lo mencionó en la tribuna tenía la condición dual de senador saliente y diputado entrante. Unas semanas después de este lance, se singularizó por rechazar la medalla Belisario Domínguez, que otorga el Senado y es la máxima distinción cívica en el país, porque había sido miembro de la comisión que la discierne. El intermediario entre él y Fox, Rodríguez Gómez, fue abogado y consejero de bancos. Presidió la Asociación de Banqueros de México y las dos principales agrupaciones de profesionales del derecho, la Barra Mexicana del Colegio de Abogados y el ilustre y nacional Colegio de Abogados.

La amistad entre Fox y los Castrejón, don Manuel y Jaime, su hijo, nació en el tiempo de la Coca-Cola. Los Castrejón poseen todavía la embotelladora Yoli, en Acapulco, que en un tiempo fue territorio atendido por Fox. Castrejón Diez permaneció marginalmente en el negocio paterno, pues se inclinó por la vida académica y la política, y la conjunción de ambas. Como rector de la Universidad de Guerrero, a la que llegó por su sobresaliente labor como investigador en bioquímica, le tocó la triste distinción de ser el primer secuestrado político en la historia reciente de México, pues fue capturado en 1972 por la guerrilla de Genaro Vázquez. Hizo después carrera en la administración educativa, fue director de desarrollo político en Gobernación, actuó como columnista político. Acaso como reacción tardía al llamado que Fox le formuló diez años atrás, renunció al PRI en 1998 y se presentó como candidato externo en la selección de candidato del PRD a gobernador de Guerrero. Lo arrolló Félix Salgado Macedonio.

También Demetrio Sodi salió del PRI. Aparte de ser casi contemporáneos en la Iberoamericana (él ingresó dos años después que Fox), sus destinos se cruzaron en sus años de jóvenes ejecutivos de brillante porvenir, Fox en Coca-Cola y Sodi en Aurrerá y sus empresas subsidiarias. De allí transitó Sodi al servicio público y a la política priísta, que lo llevó a ser diputado y asambleísta. Luego de un periodo como activista sin partido, ingresó al PRD, que lo hizo también diputado y después senador.

Gabinete alternativo: aprender a gobernar

Tan guanajuatense como Fox mismo (aunque ninguno naciera en el estado en que fincaron su vida), el priísta Miguel Montes fue elegido presidente de la mesa directiva para septiembre. Se vio en aprietos, pero consiguió que la sesión inicial, el día en que Miguel de la Madrid rindió su último informe, pudiera concluir a pesar de las frecuentes interrupciones y aun conatos de violencia que caracterizaron ese comienzo. Nacido en Jalisco, Montes se había hecho guanajuatense desde que estudió derecho en la Universidad de ese estado y se hizo un competente abogado. Cuando estaba en el centro del escenario, en septiembre de 1988, ya había sido diputado local dos veces y una más diputado federal. Pero las legislaturas a que perteneció eran apacibles, demasiado apacibles, de suerte que sobre la marcha tuvo que aprender a lidiar con la embravecida oposición. Si el 1o. de septiembre tuvo que combinar firmeza y flexibilidad para sacar adelante la sesión del informe, cuando ocho días más tarde se inició la calificación presidencial casi protagonizó un combate.

Forzada por la nueva composición de la Cámara, la dirección priísta en ella no tuvo más remedio que incorporar un elevado número de diputados de la oposición a la tarea de preparar el dictamen para la calificación presidencial. Pero contra el vicio de pedir la participación hay la virtud de negarla. De esa manera, el dictamen no fue preparado por el grupo de trabajo que incluía a los oposicionistas, sino que se les puso frente a un hecho consumado. Como en mala telenovela, en que la intriga se realiza sigilosamente pero el efecto adverso es público, la oposición reaccionó contra tal forma de trabajo contraria a las tradiciones parlamentarias y las exigencias del tiempo. Sin que se conociera en realidad la causa, sólo se apreciaba el efecto, eso contribuyó a fortalecer la imagen de desorden e intransigencia atribuida a los diputados de la oposición. Fueron groseros y provocaron trifulcas, sí; pero se les indujo a ello por la falta de actitudes en realidad plurales, participativas.

En el mejor de los casos, se adoptaron posiciones cosméticas. Ya tarde el 8 de aquel mes se intentó declarar presidente electo a Carlos Salinas de Gortari. Por la mañana se había presentado ante la Comisión de Gobernación y Puntos Constitucionales de la flamante LIV Legislatura, el candidato panista Manuel J. Clouthier para demandar la nulidad de las elecciones y una investigación sobre ilícitos cometidos durante el proceso electoral. Aunque su discurso fue transmitido por televisión, su pedido fue inútil: fuera de esa comisión se había redactado ya el dictamen correspondiente, sin llevar a cabo el cómputo ni permitir la revisión de los paquetes electorales. Para efectos del dictamen, la presentación de Clouthier fue irrelevante. En su cuartilla 19 se da simplemente noticia de la comparecencia y de que presentó un documento de 24 cuartillas con sus consideraciones en torno al marco legal, las condiciones previas a la elección, el padrón electoral, la jornada de emisión del voto. No: Clouthier no hizo sólo consideraciones como si fuera un articulista que opina sobre el tema. Había demandado la nulidad de las elecciones y la realización de nuevos comicios.

Por ese motivo, la oposición se ausentó del recinto, a fin de impedir la sesión por falta de quórum, pero cuando el PRI lo consiguió por sus propios miembros volvió para estorbar el acceso a la tribuna y evitar que se concretara la calificación. Tras un receso de 24 horas, en el último minuto del 9 de septiembre continuó la sesión, en medio de tal violencia verbal y tales forcejeos que un diputado del FDN, Alejandro Martínez Camberos, sufrió un ataque cardiaco. A las dos de la mañana del 10 terminó la primera lectura del dictamen y la sesión se reanudó a las dos de la tarde siguiente: durante 20 horas, 134 oradores, la mayor parte de ellos de la oposición, debatieron sobre el muy irregular proceso electoral.

Uno de ellos fue Fox. En las primeras horas del 11 de septiembre se encaminó a la tribuna, por segunda vez en 15 días. Llevaba consigo un ejemplar del Código Electoral, promulgado apenas en 1986 y que no serviría para ninguna elección más. Comenzó burlándose de Cuauhtémoc Anda, un economista politécnico, diputado priísta que había adulado a Salinas. Mientras Fox hablaba, deshojó el volumen que tenía entre las manos, se deshizo de la mayor parte de las páginas y se colocó algunas de ellas sobre las orejas. Pronto se sabría que trataba de parecerse a Salinas, porque propuso a su enardecido auditorio figurarse que éste hablaría por boca del propio Fox:

Yo quisiera invitarlos conmigo a la residencia de ese señor, a verlo ahí en su sala, sentado con su señora y con sus hijos, y él les está diciendo:

"Hoy antes de las 12 seré nombrado presidente de los Estados Unidos Mexicanos. Éste es un gran honor y representa la más alta responsabilidad a la que puede aspirar un mexicano: ser el guía moral de 80 millones de ciudadanos, ser el coordinador y promotor del esfuerzo de todos esos mexicanos, ser el motivo de unión y solidaridad de todos los habitantes de esta patria para mantenerla soberana, libre e independiente".

Tras esa imitación de la retórica priísta, Fox preparó el contrapunto, el sarcasmo:

"Quiero aprovechar estos momentos en la intimidad de nuestro hogar para comentarles cómo me siento: Me encuentro incómodo, me siento triste por un lado y siento miedo por otro, miedo de no poder cumplir con esta altísima responsabilidad; sí hijos, me siento triste porque me he visto obligado a pedir a muchos de mis amigos que aun por encima de sus principios morales me ayudaran a lograr este triunfo, y lo tuve que hacer porque pienso que México no está preparado para la democracia, que necesitamos continuidad en el mando y que tengo que responder al compromiso que mi amigo Miguel me ha transferido para seguir llevando este pueblo mal educado y desnutrido, empobrecido, a mejores estadios de desarrollo..."

Los adormilados legisladores priístas fueron despertando al conjuro de la ironía que brotaba de la tribuna. Algunos comenzaron a pedir tema al orador, es decir, que se ajustara al molde clásico del discurso de protesta. Y otros de plano demandaron que se callara. Pero, sin inmutarse, Fox continuó:

"Que tengo que cuidar que por la vía democrática no llegue al poder ni la amenaza desordenada y anárquica de la izquierda..."

92

El presidente Montes se hizo eco del creciente enojo de sus correligionarios y solicitó al diputado:

—Con todo respeto se ruega al orador aclare los hechos para los que solicitó el uso de la palabra en su intervención.

—Me estoy refiriendo a los hechos —repuso. Y retomó el hilo de su discurso:

"Ni tampoco, hijos, que participe en el poder la reacción. Pero mucho menos, hijos, podemos entregar el país a nuestros enemigos, quienes de llegar al poder impedirían que todos mis amigos priístas, quienes viven holgadamente de sus posiciones políticas, puedan continuar sacando a México del barranco. Por otro lado, les decía que siento miedo de no poder cumplir con México. Miedo porque la verdad es que la gente no votó por mí, sino mis amigos que tuvieron que llenar las urnas. Miedo porque acabo de ver que Miguel, para poder informar al pueblo, tuvo que instalar el 1o. de septiembre un dispositivo de seguridad que abarcó más de ocho cuadras a la redonda del Palacio Legislativo. Miedo, porque la situación es extraordinariamente crítica..."

De nuevo lo interrumpió el diputado Montes, quien pidió orden a la asamblea, pues otra vez sus correligionarios se revolvían incómodos y hasta furiosos. Pero también "rogó" a Fox que:

—El uso de la tribuna, para hechos, no sea un pretexto para desviar el debate ni para hablar en contra del dictamen, sino estrictamente para lo que señala el artículo reglamentario.

—¿Quién juzga eso, señor presidente? —repuso Fox. Y con el mismo tono tajante y tranquilo Montes replicó:

—La presidencia, señor diputado, que es quien conduce la asamblea.

Como si ese breve intercambio de frases y la interrupción de los gritones no hubieran ocurrido, Fox prefirió continuar:

"Miedo porque la situación extraordinariamente crítica de la economía pone en entredicho el futuro y la viabilidad de esta nación. Miedo porque el pueblo no tiene qué comer y qué vestir, ni tiene cómo satisfacer sus más mínimas [*sic*] necesidades. Miedo porque no puedo evitar cargar a mis espaldas la pesada y nefasta carga que se llama Partido Revolucionario Institucional. En fin, en estos momentos de reflexión, antes de enfrentar el triste destino que me espera, quiero recomendarles a ustedes que vivan una vida con verdad, que sean congruentes consigo mismos, que rijan sus vidas bajo principios sólidos, metas claras y honestidad en todas sus acciones. Cómo quisiera que el colegio electoral pudiera no sólo abrir los paquetes electorales..."

Nueva interrupción de Montes. La última. "Con todo respeto", insistió en que su turno en la tribuna no fuera "un pretexto para hacer el estudio literario que usted está intentando". Y procuró una vez más —en vano de nuevo— referirse "por favor a los hechos para los que pidió usted el uso de la palabra. Con toda atención se lo suplico".

En vez de usar la misma cortesía, Fox reprochó al presidente que le quitara tiempo de su intervención con las interrupciones. Y concluyó:

"Cómo quisiera que el colegio electoral pudiera no sólo abrir los paquetes electorales, sino que en apoyo a la Constitución y al derecho pudiera legitimar y aclarar ante todo el pueblo mi triunfo electoral, o que de no haber sido un proceso limpio se me relevara de la obligación de tomar este trago amargo de gobernar contra la voluntad del pueblo, y sobre todo se me relevara de tener que enfrentar la mirada de mis auténticos amigos y sobre todo tener que dar la cara a ustedes, mis hijos y mi esposa. Pero todo esto, claro, es un sueño. Yo tengo que cumplir con mi responsabilidad, tengo que mantener la responsabilidad y la paz social que México necesita." Así sigue él soñando y soñando. Yo les pido que aunque tenga él que ser el presidente de los Estados Unidos Mexicanos, lo legitimen haciendo siquiera un buen dictamen, de acuerdo a la ley, a la Constitución, a los reglamentos y a la lógica. Muchas gracias.

Ese discurso de Fox no fue atendido por la prensa. No hay en las crónicas del domingo 11 una sola referencia a su intervención, lo que se comprende por la profusión de palabras en sentido semejante. Luisa María Calderón había llegado a reconocer que el PAN y la oposición en general estaban empleando tácticas dilatorias, como la ejemplificada en la teatralidad de Fox, para evitar que el dictamen fuera aprobado. Que los medios no se hicieran eco de sus palabras no significaba que el discurso de Fox pasara inadvertido. Desde entonces se dijo que por circuito cerrado Salinas había seguido el debate y cobró especial ojeriza al diputado guanajuatense que cometió la irreverencia de meterse con su familia. Tiempo más tarde, Fox atribuiría a ese despecho el aplazamiento de la entrada en vigor de la reforma al artículo 82.

Ése fue el momento estelar de Fox en la Cámara. No es posible verificar su asiduidad, pero es creíble que no siempre asistiera a las sesiones. Cuando lo hacía, conversaba con Carlos Castillo Peraza, a quien escogió como vecino de curul. Según diría años más tarde, practicaban una suerte de toma y daca: Fox aprendió mucho de él, "sobre todo la forma de hablar". A la inversa, a "Carlos le atrajo también platicar conmigo, quizá porque somos como el agua y el aceite: él es filósofo y orador mientras que su servidor es un pragmático y un administrador".

95

En vez de concentrar su atención en el Congreso, Fox la dedicó a su participación en el gabinete alternativo. Era ése un proyecto impulsado por Clouthier, destinado de manera explícita a observar el comportamiento del gabinete legal, hacer una labor de seguimiento de sus tareas y formular propuestas. Pero también era un esfuerzo del ex candidato presidencial por construirse su propio espacio político. Había quedado en situación un tanto desairada cuando el Comité Nacional panista, en la víspera de la asunción de Salinas, virtualmente lo reconoció y, aunque condicionó su reconocimiento, le propuso la opción de ganar en el ejercicio de sus funciones la legitimidad que las urnas le habían negado.

En esa misma línea, para seguir en el centro de la atención pública una vez que Salinas tomó posesión, para concretar el modo en que el nuevo presidente podría legitimarse, Clouthier realizó un ayuno al pie de la columna de la Independencia en la ciudad de México. Iniciada el 15 de diciembre de 1988, la huelga de hambre se prolongó hasta las 21 horas del 22 de diciembre. La manifestación concluyó, ante la desatención pública por las fiestas decembrinas, luego de que Cuauhtémoc Cárdenas visitó a Clouthier y convinieron en impulsar una consulta desde las cámaras en pos de la reforma electoral, y los grupos parlamentarios de cinco partidos hicieron suya esa iniciativa. En ese lapso, 75 diputados panistas mostraron con su presencia su solidaridad con Clouthier. No consta específicamente, en ninguno de los informes periodísticos consultados, que Fox hubiera estado incluido en ese grupo, aunque sea presumible que lo estuviera dada su cercanía con el ex candidato presidencial.

A su regreso del descanso posterior a su ayuno, el 19 de enero Clouthier y Luis H. Álvarez presentaron el *shadow cabinet,* un ejercicio asumido en imitación expresa de la práctica británica, comprensible en aquel régimen parlamentario por la posibilidad de que un equipo de gobierno reemplace enteramente a otro. En él estaba incluido el diputado Vicente Fox. Clouthier explicó que el propósito de su gabinete era

...presentar proyectos alternativos de solución a los problemas nacionales y a las medidas de administración pública con base en el acopio y el análisis de información, y la elaboración de estudios correspondientes, de acuerdo a los principios de doctrina, programa y plataforma de partido.

Al referir que una práctica semejante se estilaba también en Venezuela, el ex candidato presidencial explicó que el alternativo no correspondía puntualmente con el legal, pues se había dividido por áreas y no por secretarías el campo de su atención. Utilizó en forma específica la cartera asignada a Fox como ejemplo de asignación de funciones,

...para que al hablar de la política agropecuaria no sea necesario tener un secretario de agricultura, uno de reforma agraria, uno de Conasupo, sino toda el área con un vocero específico.

El gabinete se instaló formalmente el 23 de febrero. Su coordinador fue Clouthier y lo integraron Diego Fernández de Cevallos como responsable de política exterior; Jesús González Schmall, de política exterior; de infraestructura, servicios y empresas paraestatales, Fernando Canales Clariond; de derechos humanos, Francisco Villarreal Torres; de política económica, Rogelio Sada Zambrano; de política educativa y cultural, Carlos Castillo Peraza; de política social, María Elena Álvarez de Vicencio; de salud y ecología, Moisés Canale; y Fox de política agropecuaria. El secretario técnico fue Luis Felipe Bravo Mena, cercano a Clouthier desde los días de la Coparmex. Éste llegaría a ser presidente del PAN, como lo fue también Castillo Peraza, egresado del partido luego de su derrota en las elecciones del Distrito Federal en 1997. También se marchó, previamente y en sonora ruptura, González Schmall, que había contendido con Clouthier en la designación de candidato presidencial. La señora Vicencio, que enviudó años más tarde, fue senadora y diputada; y diputado también, vicecoordinador de su grupo parlamentario, fue Sada Zambrano, mientras que su paisano Canales Clariond triunfaría en las elecciones para gobernador de Nuevo León en 1997. Fernández de Cevallos sería coordinador de los diputados en 1991, candidato presidencial en 1994 y coordinador de los senadores en el 2000.

Fox fue acaso quien más a pecho asumió su tarea. Si tomamos como base para el análisis la presentación de las labores del gabinete alternativo en la revista oficial del PAN, *La Nación*, el primero en actuar fue el diputado guanajuatense. El 21 de abril de 1989 dio a conocer su Modelo Agropecuario Siglo XXI, para sustituir al de la Revolución Mexicana, ya agotado a juicio de Fox. Procuró mostrarlo con un diagnóstico de sus insuficiencias y contradicciones, y planteó un programa de cinco puntos. Algunos de ellos, incluso con la misma formulación que entonces, reaparecerían en sus campañas para gobernador y en la del 2000 por la Presidencia de la República:

"Propuso cinco puntos fundamentales en que debe sustentarse el sector agropecuario —según el resumen de *La Nación*—".

1) El productor del campo.

Abrázalos y déjalos ir, sugestivo título dado al tema aplicable a la relación padres e hijos en busca del desarrollo integral, autonomía e independencia. Hay que dejar ir al hombre de campo a la búsqueda de su propio destino, a su encuentro con su libertad, su conciencia y su propia capacidad de hacer y generar desarrollo...

2) Propiedad de la tierra.

Debe terminarse la fase distributiva de tierra cuya finalidad fue repartir riqueza. Hoy la riqueza real está en la tecnología, el capital, la administración y sobre todo el trabajo. Para desatar la energía creadora del productor hay que titular en propiedad la parcela ejidal. Eso evitará una nueva concentración de tierras; se establecerá además un régimen impositivo que lo impida, y un impuesto predial creciente proporcional al número de hectáreas, que desalentará el neolatifundismo.

3) Competencia y libertad en la oferta de insumos.

Debe haber apertura total y competencia abierta en toda la banca, en la producción agropecuaria, participación de Banrural en el mismo esquema y con las mismas reglas del juego para todos... El Estado debe desarrollar el mejor programa para abastecer de agua a ciudades y campo. Se habrá de invitar a todos los mexicanos, sector privado y sector social, a participar con capital e inversión en programas de desarrollo hidrológico como distritos de riego, obras hidráulicas, presas, etc., cuidando siempre el concepto del agua como recurso renovable.

4) Estado promotor.

...como gestor del bien común (el Estado) debe responsabilizarse
de generar el escenario económico adecuado; conciliar intereses
opuestos, regular subsidiariamente los procesos ante distorsiones,
facilitar y acelerar la educación y el progreso científico y tecnológico; proveer infraestructura suficiente y dinámica; vigilar y promover el desarrollo de la industria proveedora... Se responsabi-
lizará a una sola secretaría de la producción agropecuaria, que
asumirá las funciones de la Secretaría de Pesca y se liquidará la
Secretaría de la Reforma Agraria, creando los tribunales agrarios
que resolverán los conflictos en la materia.

5) Estímulos dinámicos a la actividad agropecuaria.

...manejo acertado y justo de los términos de transferencia entre
el sector primario y otros sectores, bajo un esquema de libre comercio regulado en lo esencial y sólo ante distorsiones significa-
tivas. La comercialización debe ser efectuada directamente por
los productores, sin intermediarios, para preservar al sector agropecuario de prácticas desleales de comercio tanto de importación
como de exportación. Habrá que pensar en una ley federal de trabajo en el campo.

Esta mezcla abigarrada de atisbos afortunados, verdaderos ade-
lantos de lo que ocurriría pocos años después; lugares comunes
en boga, y buenos deseos, es uno de los pocos trabajos del gabinete alternativo. Presentado en sesión pública de dicho gabinete, el de Castillo Peraza como responsable de educación, sería
publicado en forma de ensayo en *El PAN nuestro*, uno de los
trabajos doctrinales del antiguo líder panista, revalorado con motivo de su muerte el 9 de septiembre del 2000.

El gabinete alternativo no funcionaba en lo orgánico, entre otros motivos porque Clouthier no se dedicaba de tiempo completo a su coordinación. No siempre lo distraían asuntos políticos y ni siquiera trabajos directamente productivos. Como lo relató en un texto fechado el 15 de agosto,

...llevamos mis hijos y yo ya varias semanas asediados por invasores profesionales de tierras, quienes han hecho casas rústicas a la vera de nuestros terrenos, sobre el bordo de un canal principal de riego, propiedad de la Secretaría de Agricultura. Hemos presentado todo tipo de recursos y el procurador de Justicia de Sinaloa dice que todavía no estamos invadidos, pese a que están armados y apuntan contra nuestra gente. La verdad es que este personaje parece ser igual que el anterior gobernador del estado, quien decía tener un botón que si aplastaba me invadían y si lo volvía a presionar salían los invasores.

Lo único bueno de ese malandrín de la política (se refiere a Antonio Toledo Corro) es que cuando dejó la gubernatura se llevó todo, hasta el botón de que tanto presumía para tenerme asediado. Pero no tardaron mucho en volver a instalar dicha tecla: llevo más de 20 invasiones en mi rancho ante la complacencia y complicidad del gobierno.

Activo en la política electoral, Clouthier murió en un accidente automovilístico el 1o. de octubre siguiente, junto con el diputado local y dirigente estatal del PAN en Sinaloa, Javier Calvo Manrique. Se dirigían a Mazatlán, donde recibirían al gobernador electo de Baja California, Ernesto Ruffo Appel. Los tres participarían en la campaña de Humberto Rice para la alcaldía mazateca (que finalmente obtendría quien, al paso de los años y ante el enarbolamiento de la imagen guadalupana por Vicente Fox, se retiraría de un partido al que dio prestigio).

El 30 de septiembre, la víspera de su muerte, Clouthier derribó con un vehículo, a propósito, una choza de los invasores que desde cuatro meses atrás ocupaban parte del Paralelo 38. Estaba sumamente irritado y tras la demostración práctica de su enojo telefoneó al secretario de Gobernación, Fernando Gutiérrez Barrios, para urgirlo a que "sacaran a los invasores, o verán de qué cuero salen más correas".

Todavía pudo escribir su artículo para *El Universal*, que aparecería póstumamente. Retomó allí el tema de las invasiones y el botón tocado para impulsarlas:

> El grupo que me invade es el mismo que utilizó en 1976 el gobernador Calderón. Toledo decía tener un botón en su oficina que al tocarlo llamaba a los invasores. Es el mismo grupo que hoy Labastida Ochoa, desconociendo que existen hombres que no nos doblamos tan fácilmente, utiliza para tratar de amedrentar y ganar la elección en Culiacán en favor de alguien que en algún tiempo se ostentó como defensor de la pequeña propiedad (está hablando de Lauro Díaz Castro) y hoy admite que se usen esta clase de armas represivas y por lo tanto es cómplice. Ojalá y algún día la víbora que hoy alimenta no lo desconozca y apriete un botón para invadir su pequeña propiedad. Sin embargo, el avance democratizador es irreversible, nada ni nadie podrá detenerlo.

Aunque oficialmente se admitió el carácter accidental de la muerte de Clouthier, algunos miembros de su familia quedaron con la duda de si fue un asesinato. Más aún, su primogénito sostiene enfático:

> A mi padre lo mataron... lo amenazaron y no sirvió, lo quisieron comprar y no pudieron. Era un estorbo incontrolable, había que

eliminarlo. Él no hubiera aceptado la cláusula de gobernabilidad, ni la manera como se dio la reforma electoral de 1990. Salinas no hubiera podido aliarse al sector empresarial porque mi padre, al que respetaban mucho, lo hubiera cuestionado enérgicamente. Tampoco hubiera podido ejecutar las medidas de gobierno que adoptó de la plataforma de campaña de mi papá una vez muerto, sin que el crédito se lo llevara *Maquío*. Y además era un riesgo para la siguiente elección, en virtud de que existía un plan para repetir su candidatura.

Favorecido por la familia Clouthier, el libro donde se recogen esas palabras incluye también un pronóstico, rompe una lanza en favor de Fox. Se pone en labios del propio *Maquío*, a quien "se entrevista" desde ultratumba, este augurio y preferencia, respuesta a la pregunta ¿quién será el candidato del PAN a la Presidencia en el año 2000?:

> Bueno, te voy a decir primero que el PAN tiene varios posibles candidatos. Tenemos excelentes contendientes, desde un Vicente Fox Quesada, un Carlos Medina Plascencia, un Ernesto Ruffo Appel, hasta un Pancho Barrio Terrazas. Estoy dándoles elementos de primerísimo nivel, gente que ya ha estado en la lucha, que ha estado también en la experiencia, en la tarea de gobierno y que se ha caracterizado por gobernar bien y enfrentarse al régimen con dignidad. De todos éstos, a mí me gustaría que el candidato presidencial fuese Vicente Fox.

El libro apareció en mayo de 1998.

Un año después fue publicado el que Fox escribió sobre sí mismo y su proyecto político. Incluye como es obvio el momento en que supo de la muerte de Clouthier:

Andaba recorriendo Aguascalientes, cuidando casillas —estábamos en pleno proceso electoral—, cuando me dieron la noticia alrededor de la una de la tarde; sin pensarlo ni un momento lo dejé todo y busqué el primer avión. A las siete de la noche ya estaba cerca de Manuel.

"Estos cabrones lo mataron", fue mi primer pensamiento en medio de la rabia y la impotencia.

Dos días me mantuve cerca de los distintos grupos de panistas, decidiendo qué íbamos a hacer. Fuimos al lugar de los hechos, estuvimos pendientes de todas las averiguaciones y de los detalles que nos permitieran asegurar si había algo chueco en su muerte. Pero después de tres días de profundizar e investigar, no encontramos ningún indicio, por pequeño que fuera, que validara nuestras sospechas. Creo que nunca me quitaré la duda de que se trató de un crimen.

4. Hacia la gubernatura de Guanajuato

La elección de Fox y sus compañeros en León, en 1988, fue el primer resultado del empuje que el neopanismo imprimió a esa corriente durante los años 80. Pero su éxito no fue de generación espontánea. Ya había una semilla fructífera en esa región de Guanajuato: en el lejano 1964 había sido diputado por mayoría Luis Manuel Aranda Torres y en 1976 Juan Manuel López Sanabria ganó la alcaldía leonesa, pero su triunfo no fue reconocido. En 1985, como parte de un primer repunte panista en todo el país que floreció brevemente, Alfredo Ling Altamirano fue elegido diputado local, el primero que por mayoría llegaba a la Legislatura local, así como Franz Ignacio Espejel Luna en la diputación federal. Y en San Francisco del Rincón Eusebio Moreno fue el primer alcalde panista, ese mismo año. Entre la elección federal de 1979, primera posterior a la reforma política, y la de 1988, Acción Nacional había pasado en Guanajuato de 13.11 por ciento de los votos a 29.90 por ciento.

La campaña y la victoria de 1988 se habían gestado, más que en las oficinas del PAN, en el domicilio de la Asociación de Industriales de Guanajuato. Sus principales líderes: el presidente

Elías Villegas Torres, el vicepresidente Vicente Fox y el director Ramón Martín Huerta fueron diputados entonces (y también ganaron sus curules, debido al mismo impulso, José Pedro Gama Medina, también en León; y José Mendoza Márquez en Celaya, lo mismo que Salvador Echeveste Guerrero, J. Guadalupe Vargas y Gabriel Hernández, como diputados locales). Según explicaría Fox años después, el éxito se debió a que "decidimos formar un solo grupo de campaña, que le dio una comunicación integral, que llevaba una sola imagen, un solo mensaje a los ciudadanos, así optimizamos recursos económicos, publicitarios y de defensa del voto".

De ese modo, es comprensible que en aquel núcleo de poder se planeara ir más allá, por la gubernatura: "poner al hombre en la silla", según la fórmula sintética generada por Martín Huerta, a quien le quedaba claro, a mediados de 1990, que Fox debía ser el candidato. Aunque en ese momento "no teníamos todavía el nombre del hombre a poner en la silla", recordaba que al invitar a Fox a la candidatura legislativa había dicho que deseaba ser gobernador.

Por lo pronto, Villegas Torres se responsabilizó del financiamiento. No puede probarse que a él se debe, en una suerte de conspiración semejante a las que dieron origen a la base sinarquista, el lanzamiento político de Fox con la decisión muy temprana de conducirlo a la Presidencia, según rezan ciertas consejas. Pero es indudable que su empuje en las tareas de recolección de fondos y su propia fortuna fueron factores definitorios del curso de la situación. Formalmente, era el propio Fox el responsable de los dineros, pues había aceptado ser secretario de finanzas en el Comité Estatal encabezado por Ling Altamirano y en el que Martín Huerta era secretario general. Pero su principal aportante era Villegas Torres, fabricante de suela y hotelero.

A la convención que elegiría candidato llegaron cuatro aspirantes, dos de ellos con mayor historial político que Fox: Napoleón Gallardo Ledesma, que había sido diputado federal y local, y Juan Miguel Alcántara Soria, que era un guanajuatense "de fuera" (también diputado federal en ese momento, había sido elegido en el Distrito Federal, donde residía y era miembro del Comité Nacional y del Consejo Nacional panista). Y Dagoberto (*Tito*) Martín Anguiano, un empresario, irapuatense como Alcántara Soria, regidor municipal, aún más novato que quien a la postre obtendría la candidatura. A la convención electoral, efectuada el 21 de octubre de 1990, asistieron 1 058 delegados con derecho a voto y cientos de invitados, entre ellos Tatiana y Juan Pablo Clouthier. Fox arrasó tan pronto comenzaron los turnos de votación.

Con el financiamiento de Villegas Torres y la imaginación constructiva de Martín Huerta, era imposible un desenlace distinto en la convención. Igualmente imposible saber si de esos dos impulsores, de la cultura ambiental en León, o de Fox mismo, provino la arenga cristera con que Vicente aceptó su candidatura y de hecho comenzó su campaña: Si avanzo, síganme; si me detengo, empújenme; si retrocedo, mátenme.

Al mismo tiempo que Fox inició su segunda campaña, en el vecino San Luis Potosí, el doctor Salvador Nava entraba por cuarta vez a un proceso electoral. Candidato por sí mismo el médico potosino que ya había ganado dos veces la alcaldía de la capital (y había llegado a la cárcel y no a la gubernatura cuando la pretendió en 1961), fue lanzado por una coalición de partidos a la que el PAN fue renuente. No le quedó más remedio que sumarse a esa candidatura, pero lo hizo sin entusiasmo. Quizá por eso su Comité Nacional decidió que el *Aguafiestas*, el autobús en que Clouthier había realizado su campaña, fuera puesto al servicio de Fox. Otras señales, como la mayor presencia del Comité Nacional panista en Guanajuato, hicieron evidente que ésa, no la potosina, era la elección clave para el panismo.

En cambio, el PRI la concibió como un proceso rutinario, en que era posible llevar del centro a un candidato que no hubiera hecho carrera local, y que no estuviera por lo tanto ligado a los intereses específicos de la entidad. El escogido fue Ramón Aguirre, miembro de la "familia feliz" de que era conspicuo integrante el propio presidente Salinas. No es sostenible, a la luz de los resultados, que Salinas hubiera planeado desde siempre la desgracia de su amigo. La aceptó él mismo e indujo a Aguirre a aceptarla, en consideración a la fuerza de las circunstancias. Pero al principio se trataba de un gesto de gracia, semejante al que seis años atrás había practicado Miguel de la Madrid —el patriarca de aquella familia— con Rafael Corrales Ayala, tan distante o más de Guanajuato que Aguirre.

Ignacio Vázquez Torres, Salvador Rocha Díaz y Miguel Montes fueron dejados en el camino por el ex regente. El primero habría de ser candidato cinco años después y resultaría arrasado por Fox. El segundo formaría parte del arreglo que hizo a Carlos Medina Plascencia gobernador, desde una secretaría general que ya había desempeñado en una injerencia federal previa, cuando se quiso corregir desde el centro las insuficiencias de Enrique Velasco Ibarra. El tercero tendría un trayecto azaroso después de la frustración de su intento de gobernar a Guanajuato, en cuyo trance había sido enviado a reconstituir el priísmo, como presidente del Comité Estatal. Para remediar el daño de no haberlo hecho candidato en 1991, Salinas lo llevó a la Procuraduría de Justicia del Distrito Federal y luego a la Suprema Corte de Justicia de la Nación. Salió de allí durante unos meses en 1994 para ocuparse de la primera fase de la averiguación sobre el asesinato de Colosio, como fiscal especial. Y sólo permaneció de regreso unos meses en la Corte, pues en diciembre de ese mismo año crucial el flamante presidente Zedillo dispuso la renuncia en bloque de los ministros del mayor tribunal de la República. Retirado de la política activa durante el lustro siguiente, Montes reapareció en Guanajuato como impulsor principal de la candidatura, perdedora a la postre, de José Ignacio Torres Landa en la elección del 2000. Le quedó a él mismo como remanente de su resurgimiento una diputación plurinominal que comenzó a ejercer en septiembre de ese año.

Aguirre hizo en Guanajuato sus primeras incursiones en la política electoral, aunque ya había participado en el orden gremial, pues fundó el Instituto de Contadores Públicos al Servicio del Estado, como parte de la precampaña presidencial de De la Madrid. Nacido en San Felipe Torres Mochas, durante 20 años trabajó en el área de egresos de Hacienda y cuando fue creada la Secretaría de Programación y Presupuesto y en 1979 llevado a ella De la Madrid, lo hizo subsecretario. Y lo haría secretario en lugar suyo, cuando De la Madrid dejó el cargo, en septiembre de 1981, para ser candidato presidencial. Como miembro del equipo cercano al futuro presidente (al igual que Salinas, Emilio Gamboa y Francisco Rojas, entre otros), Aguirre fue parte del gabinete presidencial de 1982 a 1988: jefe del Departamento del Distrito Federal. Al concluir el sexenio, marcado para Aguirre por el terremoto de septiembre de 1985, que destruyó la ciudad que gobernaba, Salinas lo convirtió en director de la Lotería Nacional.

Era, en apariencia, un cargo que lo disminuía, después de siete años en el primer nivel del gabinete. Pero sólo era apariencia: ese puesto implicaba una intensa cercanía entre el presidente y el director de ese organismo, que solía ser utilizado como caja chica de la casa presidencial. Y era útil al mismo tiempo para el destino personal de quien lo ejercía. De ese modo, Aguirre comenzó a recorrer su propio camino de Guanajuato, que transitaba poco desde que salió de San Felipe siendo niño: se hicieron frecuentes los regalos institucionales a su tierra natal, salidos de los fondos de la Lotería.

Inopinadamente, entró un tercero en discordia a la contienda. Ya polarizadas las fuerzas políticas, no había lugar para un tercer candidato con verdaderas posibilidades. Y, sin embargo, apareció en el horizonte Porfirio Muñoz Ledo. Luego se vería que los tres candidatos cumplían de manera confusa las disposiciones legales de oriundez o vecindad, pero desde el principio la objeción en torno a ese punto se centró en Muñoz Ledo, a la sazón senador de la República. No nació en Guanajuato, o al menos no lo había manifestado nunca, y en forma ostensible no había radicado allí, pues su representación legislativa había sido ganada en el Distrito Federal en 1988.

Muñoz Ledo había desarrollado una fulgurante trayectoria en la institucionalidad priísta. Fue un profesor brillante y antes de los 30 años llegó al cargo de director general. Los seis años de su servicio a Echeverría mostraron sus grandes disposiciones y posibilidades para el servicio público: subsecretario de la Presidencia y secretario del Trabajo, su obra y su palabra —era fama que escribía los discursos presidenciales— dieron tono a ese sexenio. Abrigó por eso la esperanza y aun la convicción —tan creyente en sí como es— de que sería candidato presidencial. Sólo fue presidente del PRI durante la campaña del elegido, López Portillo, que lo incluyó en su gabinete —secretario de Educación Pública—. Pero no pudieron convivir más que un año, al cabo del cual el presidente lo despidió para hacerlo más tarde embajador ante la Organización de Naciones Unidas en Nueva York.

De allí volvió para romper con el gobierno de De la Madrid, que lo había mantenido en aquel cargo, y con el PRI que había presidido. Cuauhtémoc Cárdenas y él —que preferiría el orden inverso en la enumeración— impulsaron la Corriente Democrática, la escisión más honda en el partido oficial a lo largo de su historia. Y la más permanente. Aunque Cárdenas no pudo ser presidente de la República en 1988, Muñoz Ledo y tres cardenistas más horadaron el hasta ese momento impenetrable muro del Senado de la República. Y decenas de diputados, como lo era Fox en ese momento, construían con el PAN la mayor oposición parlamentaria que el priísmo había conocido.

Como haría en la presidencial, Fox pondría el tiempo de su parte, comenzando su campaña antes que todos, mucho antes incluso que los partidos rivales decidieran sus candidaturas. Una campaña tan larga fue fatigosa y cara. Aunque el financiamiento público a los partidos estaba ya incluido en la legislación federal, el PAN no lo aceptaba entonces, por lo que sus gastos se sufragaban con las cuotas de los miembros, las aportaciones extraordinarias de personas eminentes como Elías Villegas Torres y los sorteos de automóviles, que durante la campaña estuvieron también a cargo de dicho empresario. Éste, según el testimonio de Ramón Martín Huerta, coordinador de la campaña, "era un hombre... en su mejor momento de entusiasmo, con una energía y liderazgo que permitían vender a la ciudadanía, y a un sector tan importante como el empresarial, esa posibilidad, esa esperanza que se volcó de manera importante en apoyos al PAN, a Vicente Fox, por lo que se lograron recursos para hacer una campaña de altura". Su monto fue de la "centésima parte de los 80 millones de pesos que, según nuestros cálculos, gastó Ramón Aguirre como candidato del PRI".

La elección en Guanajuato formó parte de una intensa jornada electoral. Se renovaba, por un lado, entera la Cámara de Diputados federal y por mitad la de Senadores (en el camino de un ajuste que sólo terminaría en el 2000, cuando se renovó por completo el Senado, como ocurrió siempre antaño). Después del sacudimiento que para el PRI había significado el 6 de julio de 1988, estos comicios le representaban la doble oportunidad de obtener una mayoría menos precaria que la de la Legislatura que terminaba y, conforme a lo demandado por Acción Nacional, la ocasión de ganar legitimidad.

Este propósito había comenzado a cumplirse mediante la emisión de una nueva ley electoral, que transformó el órgano respectivo: puso fin a la Comisión Federal Electoral, cuya pésima fama había llegado a un punto culminante tres años atrás, y creó el Instituto Federal Electoral, integrado ya no sólo por representantes del gobierno y los partidos sino por una instancia nueva, la de los consejeros magistrados.

Además, el mismo 18 de agosto habría elecciones para gobernador, amén de San Luis y Guanajuato, donde la oposición había crecido, en Campeche, Colima, Querétaro y Sonora, donde el PRI no tendría problema, como no los tuvo, para triunfar. En Guanajuato, donde se elegían 14 cargos federales, a la elección de gobernador se agregaba la de la Legislatura estatal, compuesta por 28 diputados.

Un tema crucial en la contienda por el Poder Ejecutivo fue la elegibilidad de los candidatos, en función de su nacimiento, su ascendencia o su vecindad. El 18 de mayo de 1991 la Comisión Estatal Electoral, un órgano formado a la antigua, como la CFE de 1988, presidida por el secretario de Gobierno, José Aben Amar González Herrera, y con voto para todos los partidos, registró las candidaturas de Aguirre y Fox, pero no la de Muñoz Ledo,

112

que le fue denegada. También registró las casi imperceptibles candidaturas de Rosa María Hernández, por el Partido Demócrata Mexicano, y Juan Gabriel Torres Landa, por el Auténtico de la Revolución Mexicana.

Entre broma y veras, Muñoz Ledo había alegado su derecho de sangre, pretendiendo que se es originario de un lugar no por haber nacido allí sino por tener sus orígenes, su ascendencia en ese sitio. Y había habido Muñoz Ledo en Guanajuato durante 300 años, dijo. Pero, aunque en efecto hasta gobernadores con ese apellido rigieron a la entidad durante el siglo XIX, la Comisión rehusó otorgarle el registro. Al impugnar la resolución, el 20 de mayo, el PRD no sólo buscó la inscripción de su candidato, sino la cancelación del registro de Aguirre y Fox, en abierta contradicción con su propia postura en el caso del priísta, pues su comisionado había votado a favor dos días antes. Y es que la documentación del ex regente era un desastre: no tenía credencial de elector vigente sino una de diez años atrás, y la solicitud de la nueva era notoriamente falsificada, como lo era también su credencial de miembro del PRI: fechada en 1990, aparecía firmada por Adolfo Lugo Verduzco, que había dejado de ser presidente de ese partido en 1986. Pero como no había duda sobre su oriundez, quedó firme la candidatura del torresmochense.

Fox, según el PRD, no había optado a los 18 años por la nacionalidad mexicana, como debió hacer en vista de la nacionalidad española de su madre. El alegato perredista sugirió que el candidato panista quizá ni siquiera habría nacido en territorio mexicano, pues su acta de nacimiento fue extemporánea, levantada 200 días después de ocurrido el hecho biológico. Y hasta objetó el modo en que el alcalde panista de San Francisco del Rincón expidió la constancia de residencia, pues no dijo que le constara, sino que de la solicitud de inscripción de Fox en el

113

registro electoral resulta que vive en aquel municipio desde 12 años atrás.

El 21 de mayo, el Comité Nacional perredista, encabezado por Cuauhtémoc Cárdenas, resolvió mantener la candidatura de Muñoz Ledo (que la había ganado en disputa interna con el diputado federal Carlos Navarrete, que pasó a ser candidato a senador). La decisión se tomó casi por unanimidad: sólo Samuel del Villar votó en contra. De tiempo atrás sostenía la falta de derecho de Muñoz Ledo a competir por la gubernatura guanajuatense. Propuso que el PRD apoyara a Fox, a cambio de que en la elección para gobernador de Nuevo León el PAN diera su voto por el perredista Lucas de la Garza.

Éste y Fox, por cierto, se reunirían en San Luis Potosí por esas fechas, el 24 de mayo, en un singular acto al que convocó el navismo: en un mitin en que la figura central fue el viejo médico de pueblo, estuvieron el guanajuatense, De la Garza y su contendiente panista, Rogelio Sada Zambrano. Ambos fueron derrotados el 7 de julio siguiente por Sócrates Rizzo, amigo cercanísimo de Salinas. Fox llegó tarde a la manifestación, por lo que no pudo oír los discursos de los candidatos de Nuevo León y apenas escuchó el final de la intervención de Nava. Llegó en medio de porras que obligaron al ex alcalde potosino a interrumpir su discurso, ceder la palabra al recién llegado y después concluir. Fox halagó a su auditorio y se mostró humilde: "Ustedes aquí en San Luis la tienen ganada; allá en Guanajuato vamos a apretar el paso para tener juntos más terreno donde la democracia sea una realidad".

La impugnación perredista era cierta respecto de Fox: no contaba con certificado de nacionalidad. Lo obtuvo sólo el 28 de mayo, según informó oficialmente la Secretaría de Relaciones Exteriores. De modo que, cuando por fin se reunió la Comisión

114

para desahogar el recurso de revocación presentado por el PRD, después de varios aplazamientos, la falla formal de su decisión de registrar a Fox estaba ya curada. A decir del Comité Estatal del PAN ni siquiera la había habido, pues Fox había presentado su renuncia a la nacionalidad española el 22 de febrero de 1972, sólo que no reclamó el documento que debía expedir la cancillería.

Como quiera que sea, la Comisión ratificó su acuerdo del 18 de mayo: Aguirre y Fox estaban registrados, y denegada la inscripción de Muñoz Ledo, que el 7 de junio acudió al Tribunal Estatal Electoral. Al día siguiente se entrevistó en la ciudad de México con el secretario de Gobernación, Fernando Gutiérrez Barrios. Y el 10 de junio, mientras Muñoz Ledo partía a Estambul a una reunión de la Internacional Socialista, enviados de Gobernación fueron recibidos por los magistrados del Tribunal. Quizás a la luz de esa entrevista los integrantes del órgano jurisdiccional anticiparon para el 12 de junio la sesión programada para el día siguiente, y de manera sorpresiva ordenaron a la Comisión registrar al candidato perredista. Aunque ratificaron la opinión de los comisionados sobre la documentación presentada por Muñoz Ledo, los magistrados opinaron que una decisión del naciente Instituto Federal Electoral sobre el valor de la credencial de elector y aun la solicitud de registro al padrón les hacía obligado fundar en esos documentos la inscripción del senador perredista.

Fox descalificó la resolución del Tribunal. Ella demuestra, dijo, "que en México el respeto a la ley y a la Constitución está por debajo de las decisiones del presidente de la República", a quien le atribuía favorecer de ese modo a Aguirre —dividiendo la votación opositora—. Y ratificó su desconfianza en ese órgano judicial. Dos semanas antes ya lo había llamado "tribunal integrado por marionetas", y ahora agregaba que el registro a Muñoz Ledo "nos pone en alerta para no confiar en ese tribunal, pues seguramente quienes lo integran ya tendrán instrucciones de Los Pinos y Gobernación".

La parte de este litigio que concirnió directamente a Fox dio lugar a un intercambio de opiniones entre el candidato panista y Jorge G. Castañeda, en aquel momento especialmente cercano a Muñoz Ledo, a quien acompañó durante la jornada electoral y las horas siguientes. A propósito de la crítica de Fox al Tribunal y a otros lances de la campaña, Castañeda escribió el 1o. de julio que si bien "Vicente Fox es un hombre honesto, democrático y valiente... cae sin mayor recato en las contradicciones propias de un sistema político autoritario". A juicio de Castañeda,

> Fox no explica por qué, si se puede violar tan impunemente la legalidad electoral como parece estar afirmándolo, él mismo y sus demás compañeros de partido votaron a favor del Código Federal Electoral, que justamente enmarca y permite las transgresiones a la legalidad que él denuncia. Cualquiera puede equivocarse, pero si Fox pide ahora confianza a la ciudadanía de Guanajuato para ser gobernador, debiera explicarle a esa misma ciudadanía a la que representó durante tres años en la Cámara, por qué aprobó una reforma electoral que es, según sus mismas denuncias, antidemocrática. Si sigue creyendo en el Cofipe, que fue aprobado gracias a su voto y al de su partido, quizá debiera tener más mesura en sus denuncias. Si lamenta haber votado la reforma electoral con el PRI, quizá convendría decirlo.

Fox no explicó nada a sus electores, es decir, no convirtió el tema en asunto de campaña. Pero sí respondió a Castañeda, con quien inició entonces una relación que los aproximaría en grado creciente al paso de los años. En 1994 Castañeda invitó a Fox al

Grupo San Ángel, y en el 2000 Fox lo hizo uno de los dos coordinadores de política exterior en el equipo de relevo. En aquel momento, el 8 de julio, respondió secamente a Castañeda, sin reparar ninguno de los dos que el texto legal sobre el que discutían no era aplicable al proceso local guanajuatense:

Don Jorge me atribuye algunas cualidades que agradezco... Sin embargo, más adelante señala que el Cofipe permite la ilegalidad que ahora impugno... Lo que impugnamos yo y la mayoría de los guanajuatenses es la ilegalidad y la arbitrariedad de un fallo del tribunal estatal electoral que ordena a la Comisión electoral de Guanajuato registrar a un senador del Distrito Federal como candidato a la gubernatura del estado, sin ser nativo de la entidad ni tener en ella la residencia requerida. Y en lo referente al voto de la mayoría de los integrantes del grupo parlamentario de diputados del PAN a favor del Cofipe, la relativa seguridad jurídica que ofrece este ordenamiento fue debatida en su momento; lo que corresponde al gobierno, partidos políticos, candidatos y ciudadanos en general es ajustarse a la legalidad del Cofipe que, aunque imperfecto, es la única ley que puede garantizar que haya orden en los próximos comicios. Pero aun concediendo la imperfección de ese ordenamiento, es menos malo ajustarse a la legalidad que caer en la mejor de las anarquías.

La campaña de Fox despertó gran entusiasmo en todo el estado, no sólo en el corredor industrial que va de Celaya a León, sino en otras porciones en que el panismo apenas estaba consolidándose. La ductilidad del candidato para practicar su propia idea de la mercadotecnia política, las aportaciones de Rosa María Puente en ese terreno y la confección de una propuesta económica confeccionada por Leticia Calzada fueron algunos de los factores que hicieron crecer las preferencias electorales en favor de Fox.

El modo mismo en que se estableció un vínculo entre Fox y Leticia Calzada habla de la eficacia del candidato. Nacida en San Luis de la Paz, economista del Tecnológico de Monterrey, ha trabajado para el gobierno, la iniciativa privada y la academia. Y también para la sociedad civil: era parte del Consejo para la Democracia, un organismo no gubernamental alentado por Julio Faesler y Rogelio Sada (luego diputados federales, como ella misma, si bien en legislaturas diferentes y ella por el PRD y no por el PAN). Un día, su joven asistente Andrea Sáenz le mostró, en tono admirativo, una foto de Fox, en la revista *Proceso*: "Mira, quiere ser gobernador: está muy cuero, es inteligente y tiene huevos". Recordó entonces que tiempo atrás Sada le había sugerido hablar con él, cuando era miembro del gabinete en la sombra de Manuel J. Clouthier, para exponerle un problema con el agua en su ciudad natal.

Poco después, en el aeropuerto de la ciudad de México, Leticia vio a Fox. Se presentó con él, le planteó el problema y convinieron en encontrarse en San Luis de la Paz. La conexión local no prosperó; sin embargo, Fox pidió a Leticia ayuda para preparar el plan económico. Además de elaborar los textos iniciales, la economista organizó ocho foros temáticos en distintas ciudades. Era muy difícil concitar la participación, sobre todo de los empresarios. Y obtener los datos para los documentos requería emplear la imaginación, y aun crear cierta ambigüedad: Leticia se presentaba como investigadora de la Universidad de Arizona, para la que trabaja entonces, a fin de obtener la información que requería para la campaña.

Esa actividad contribuyó centralmente a configurar el plan de gobierno, cuya porción política había sido preparada por la dirección estatal del partido, afanada también en consolidar la organización electoral. Se sabía, por la lección dejada dos años

118

atrás en Baja California, que el triunfo y el reconocimiento de éste dependían en buena medida de la capacidad de obtener copias de las actas de cómputo. Al mismo tiempo, Fox se multiplicaba y era protagonista de una oferta creíble:

> Se logró convencer a la sociedad —escribe Ramón Martín— de que era posible cambiar. Lo que hoy ocurre a nivel nacional lo viví primero en el municipio, por lo de León, y luego en el ámbito estatal durante el 91. Se trata de una sociedad que con sus diferentes expresiones va mostrando su decisión por un cambio; entonces es cuando el corporativismo se empieza a desmoronar.

La campaña priísta fue, como solían ser, un derroche de toda clase de recursos. Viví de cerca un minúsculo ejemplo de ese dispendio. Entrevisté a principios de julio a Ramón Aguirre, en la ciudad de México. La conversación debía aparecer en el espacio central del semanario *Mira*, del que yo era director general entonces. Al día siguiente de efectuada la entrevista recibí la indicación de facturar nueve planas de publicidad, obviamente no solicitadas (y obviamente tampoco aceptadas).

A la semana siguiente la entrevista fue con Vicente Fox. Nos vimos en el Sanborn's de Xola y Adolfo Prieto. Allí el candidato panista explicó sus técnicas de campaña e hizo un balance de la misma, tras 267 días de haberla iniciado, y cuando faltaba un mes para la jornada electoral. Explicó que

> ...un grupo corporativo... dirige las campañas del PAN en Guanajuato y allí tenemos encargados de cada responsabilidad: difusión, prensa, mercadotecnia, acción política, comunicación estratégica, que da servicio a las 33 campañas electorales. Entonces, cada campaña, aunque se mueva independientemente, está coordinada por este grupo y hemos logrado así una gran homogenización, hemos

logrado un mensaje repetitivo, insistente, a través de todo el estado, y sobre todo logramos una movilización muy interesante porque cuando tenemos un evento grande en una ciudad, por ejemplo en León, pues movemos doce o quince campañas hacia León, a los doce o quince candidatos con su equipo para lograr un evento fuerte.

Por eso mismo, Fox dijo que

...se ha logrado una enorme penetración de las campañas, se ha logrado interesar fuertemente a los ciudadanos para participar y me atrevo a pronosticar que el nivel de participación y de votación va a ser elevado, que seguramente alcanzará 50 por ciento del padrón o más, lo cual ya es ganancia para el estado.

Entró a los detalles:

En los 267 días que llevamos, hemos contactado, saludado de mano, mirado a los ojos, dialogado con más de 230 mil ciudadanos... En esta campaña nosotros hemos llevado la iniciativa... Fuimos el primer partido político que arrancó campaña; que presentó el cuadro completo de los candidatos: los 33 candidatos, a diputados federales, diputados locales, senador y gobernador; fuimos el primer partido político que presentó un plan concreto, amplio, de gobierno; el primero que se lanzó a la convocatoria pública, a llamar a la gente a la plaza pública y hemos logrado éxitos contundentes: hemos llenado la plaza de León, la plaza de Celaya, de San Luis de la Paz, de Victoria, de Pénjamo mismo, que es el municipio con más ejidos en la República Mexicana; de San Francisco del Rincón, la de Purísima; y hemos tenido gran éxito en plazas donde tradicionalmente no tuvieron panismo, como Acámbaro, como Salvatierra, como Dolores Hidalgo, algunas de ellas bastiones del PRD por su colindancia con Michoacán, y otros, bastiones priístas.

El candidato panista privilegió su condición de hombre de campo. Inició su campaña en una pequeña comunidad celayense llamada La Machuca. Tal vez recordaba las palabras del diputado local Vargas que en la campaña de 1988, cuando vio que el PRI ganaba por escaso margen las casillas rurales, estuvo cierto de que el PAN obtendría el triunfo. Ante la perplejidad de Fox, que no comprendía el júbilo de Vargas ante datos que mostraban su derrota, el futuro legislador dijo que en esas actas el partido oficial se despachaba con la cuchara grande y ahora no podía hacerlo, por lo que no podría contrarrestar la ventaja panista en los medios urbanos. Por eso en 1991 Fox dedicaba 80 por ciento de su campaña a los medios rurales. Y anunciaba: "Creo que va a haber grandes sorpresas en el voto del campo guanajuatense, grandes sorpresas para el partido oficial, creo que va a haber mucho voto hacia la oposición".

Fox creyó y esperó, al comenzar la campaña, que habría respetuosas reglas de comportamiento electoral. Faltando cuatro semanas para la elección dijo contundente que se había acabado

...esa ilusión y esa esperanza. La verdad es que el proceso se ha contaminado fuertemente, se ha viciado, se ha prostituido enormemente, a grado tal que hemos regresado a las campañas de los cincuenta, por la actuación del candidato y el partido oficial.

Aunque poco después aceptaría que Muñoz Ledo reconociera su triunfo y que le alzara la mano, en aquel momento Fox continuaba pensando que la participación del candidato perredista resultaba de un arreglo para disminuir sus posibilidades, las del panista. Al recordar el fallo del tribunal, que otorgó el registro a Muñoz Ledo, Fox dijo estar

...convencido de que no fue ajena a esa decisión la estancia del líder del PRI en Guanajuato. Quince días antes anduvo por allá Colosio con Ramón Aguirre y dio testimonio de la pobreza de la campaña de Ramón, la poca convocatoria, la nula aceptación del electorado. Dio también testimonio de la fuerza y presencia de la campaña del Partido Acción Nacional, y nosotros estamos convencidos de que a Porfirio se le registró para debilitar, para dividir el voto de la oposición.

Y si bien reconoció que en el medio rural, al contrario, el PRD arrebataría votos al PRI,

...la tarea de Porfirio, más que de ir en busca de votos, ha sido ir disminuyendo, desprestigiando la imagen personal de Vicente Fox en el estado, a base de un gran número de mentiras, engaños, medias verdades...

Narró cómo se alistaba contra el fraude electoral:

Estamos preparando ya un gran ejército electoral de más de 25 mil ciudadanos que habrán de cuidar cada una de las tres mil y cacho de casillas, de ocho a diez ciudadanos en cada casilla. Estamos montando ya una red de comunicación en todo el estado y tendremos información de cada casilla, casi instantánea.

La dura realidad le mostraría el 18 de agosto que ese aparato, que no llegó a instalarse en su totalidad, se movió con menor precisión de la que esperaba.

El 24 de julio Aguirre, Fox y Muñoz Ledo participaron en lo que fue quizá el primer debate en una contienda electoral en la historia mexicana. Lo convocó José Gutiérrez Vivó y tuvo lugar en Radio Red. Aunque no se dirigió en especial a los guanajuatenses y no hubo medición posterior de los efectos del diálogo, ese encuentro no fue beneficioso para Aguirre, el menos articulado en su expresión verbal. Fox dedicó espacio a denunciar lo que podría ser el fraude. Recordó que en 1988 él mismo había ganado la diputación federal, a pesar de que a las ocho de la mañana de aquel 6 de julio habían sido descubiertas urnas llenas de votos en favor del PRI, y ahora se estaban "utilizando los recursos de los municipios en apoyo del candidato oficial" y en las instalaciones de Pemex se hacen listas exhibidas públicamente de los trabajadores que no se han afiliado al PRI, para forzarlos a hacerlo. Y habló del "acarreo, el regalo de cachuchas, camisetas, mandiles (y tortillas y azúcar, agregó Muñoz Ledo)". Y se ufanó de que "como presidente de Coca-Cola para México y Centroamérica, manejé muchos más recursos económicos que los que maneja el gobierno del estado, y tuve que hacerlos productivos y tuve que hacerlos provechosos".

Aguirre contestó a Fox que "su partido hace presión de diversa naturaleza: con llamadas telefónicas, con visitas a las casas, con utilización, inclusive, de las concentraciones en las iglesias. Eso me parece que sí son presiones para que se vote". Y respecto de su experiencia en Coca-Cola dijo que, "con todo respeto, me parece que los guanajuatenses no somos botellas. No tenemos que estar esperando que se nos trate como si fuéramos productos de una entidad eminentemente industrial". Fox ripostó, en su turno, que "la experiencia para manejar un estado puede tenerse dentro de la política o fuera de la política, o en una combinación de ambas" y que había dedicado su vida "a trabajar con seriedad, para regresarle a la sociedad lo mucho que he recibido. Tengo una formación jesuita que mucho me ha llevado a encontrar la trascendencia y la realización en ser para los demás".

En la víspera de la elección, el viernes 16 de agosto —no estaba regulada entonces la publicación de encuestas—, el diario *AM* dio a conocer los resultados de un sondeo patrocinado en conjunto por ese periódico —a cuyo consejo editorial pertenecía Fox, que usualmente escribía en sus páginas— y por el diario regiomontano *El Norte*. La encuesta, levantada entre el 6 y el 12 de agosto, daba a Aguirre el mayor número de preferencias electorales: 42 por ciento, contra 27 por ciento de Fox. Muñoz Ledo apenas llegaba a 3 por ciento. Todavía un ancho 27 por ciento de los electores aparecían indecisos en su opción, pero no en su decisión de ir a votar: 85 por ciento anunciaron que lo harían.

Encuestas oficialistas previas daban a Aguirre ventajas superiores a los 20 puntos, por lo que era una ganancia para Fox disminuir su distancia a 15 puntos. Él, por su parte, manejaba información atribuida a una encuesta "independiente" que le daba alrededor de 40 por ciento de las preferencias y lo situaba por encima de su principal contrincante. En el sondeo de *AM* y *El Norte*, por lo demás, resultaba gananciosto cuando se preguntaba quién era el más inteligente, el más simpático, el más honrado, el más sencillo y el más capaz. Aguirre sólo obtuvo primer lugar en la medición de mayor seguridad en sí mismo. Muñoz Ledo quedó en tercer lugar en todos los rubros.

La encuesta debe haber tranquilizado a Aguirre, que en esos días recibió una noticia desazonante. Su compadre Juan Bustillos le comunicó una nefasta intención del presidente Salinas. Según el periodista, que había recibido en el tiempo de Miguel de la Madrid, sin licitación y a precio castigado, la revista *Impacto* (y, lo más importante, el prodigioso y enorme taller de Publicaciones Llergo), de la que el gobierno se hizo por azar, el ex regente Manuel Camacho le habría notificado que Salinas, resuelto a obtener la reputación internacional de presidente demócrata, entregaría a la oposición una docena de gubernaturas. Ya había comenzado en 1989 con Baja California, en 1991 sería el turno de Guanajuato y San Luis Potosí.

Aguirre, según confió al relatar ese episodio a Adriana Amezcua y Juan E. Pardinas, pensó verificar la información con Salinas mismo. Pero decidió esperar al resultado de las elecciones, suponiendo que una "votación contundente sería la mejor defensa jurídica frente a las inminentes presiones de la oposición". Tal vez por eso pidió contar con esa "votación contundente", a como hubiera lugar.

Fox ayunó el día de las elecciones. Votó temprano en San Cristóbal y se trasladó a León. Pero su parquedad no era la de miles de votantes convocados desde temprano en la Operación Tamal y luego en la Operación Banderita. Poco antes de la hora de la comida, que por su abstinencia no significó nada para él, se reunió con su antagonista Muñoz Ledo. Después de los zarandeos mutuos durante la campaña, habían convenido estar en comunicación en la jornada electoral y, eventualmente, realizar una defensa común de los votos. Ratificaron esa decisión, pues estaban en conocimiento de las maniobras para asegurar una ventaja amplia a Aguirre. Durante la tarde, el candidato panista recibió en forma periódica informes sobre el desarrollo de la jornada. No supo a esa hora, ese día, sin embargo, lo que conocería después, que a partir de las seis de la tarde se multiplicaron los votantes por el PRI que acudían a las mesas donde ya se sabía que ese partido estaba en dificultades. Al anochecer, en el Centro de Convenciones de León, habilitado como su cuartel general, llegó a la convicción de haber ganado. Aunque falló el dispositivo de comunicación, y no tuvo a su alcance la totalidad de las copias de actas que se había previsto, se percató de que su votación era muy alta. Llegaría a más de 400 mil votos. Y aunque la atribuida a Aguirre era superior, no cupo duda a Fox que si constaba ese cúmulo de sufragios en su favor era porque la gente se había volcado en las urnas para hacerlo gobernador. En ese momento no dispusieron de las cifras de la elección federal. Al contrastarlas más adelante se percibiría que el equipo de alquimistas del PRI, encabezado por el chiapaneco César Augusto Santiago y el sinaloense Rafael Oceguera, cumplieron con creces el pedido de Aguirre, necesitado de oponer cifras contundentes a las presuntas intenciones de Salinas. Pero se les pasó la mano, y sin cuidar la armonía de las cifras, resultó que por Aguirre votaron muchas personas más que quienes, en las mismas casillas, eligieron a los diputados y al senador priístas. Luego se sabría que también el gobernador Rafael Corrales Ayala quiso ir sobre seguro y dispuso, por su cuenta, el abultamiento de las cifras. Por eso crecieron tanto.

Por eso también hubo confusión. Comenzó la danza de las cifras. A las dos de la madrugada del lunes 19, la Comisión Estatal Electoral informó que apenas contaba con datos de 299 casillas y hacia las diez de la mañana dijo tener ya las cuentas de 1 514 mesas (alrededor de un tercio del total), cuyo resultado daba ventaja al PRI: 233 703 votos para Aguirre contra 171 579 para Fox y 40 067 para Muñoz Ledo. Más de prisa, el PRI había dicho al final de la jornada que con 3 499 casillas, 80 por ciento del total, su candidato iba arriba con 58 por ciento de los votos. Pero unas horas después sus voceros dieron marcha atrás: en vez de más de tres mil casillas, dijeron contar con los resultados de 1 907. Por la noche del lunes, Rafael Oceguera volvió a los datos grandes: "Al computar 2 594 actas de escrutinio, el PRI ha obtenido 425 866 votos, el PAN 261 463 y el PRD 41 713". A esa hora, la Comisión Electoral ya no sesionó y, sin corresponder a la expectativa generalizada sobre resultados, anunció que sólo el miércoles ofrecería los oficiales. Y ese día los aplazó para el jueves, porque aún faltaban por computar 1 500 casillas.

Ya muy tarde el jueves 22, el presidente de la Comisión y secretario de Gobierno, José Aben Amar González Herrera, ofreció los resultados oficiales: Aguirre ganaba con 626 426 votos (53.14 por ciento), Fox alcanzaba 418 322 y Muñoz Ledo se quedaba en 91 150. Ésas serían las cifras que una semana después, el jueves 29, servirían de base para el dictamen de calificación de las elecciones, que dieron a Aguirre el carácter de gobernador electo.

1. Los papás de Vicente Fox, don José Luis Fox Pont, fallecido en agosto de 1995, y doña Mercedes Quesada Echaide, nacida en España, un hecho que amenazó alguna vez las aspiraciones del guanajuatense de gobernar su estado natal primero y el país después.

2. Vicente Fox (izquierda), con su hermano José Luis, el día de su primera comunión.

3. El campo fue el entorno en el cual Vicente Fox (en playera a rayas) vivió su niñez y una buena parte de su vida adulta.

4. La niñez de Vicente Fox (izquierda). Vestido de vaquero al lado de sus hermanos.

5. En Estados Unidos cuando Vicente (derecha) y José Luis Fox Quesada fueron a estudiar el idioma inglés.

6. El ex gobernador de Guanajuato empezaba ya a resaltar físicamente sobre el resto de sus hermanos.

7. En el inicio de su educación jesuita en el Instituto Lux. En esa línea seguiría hasta terminar su carrera profesional en la Universidad Iberoamericana de la ciudad de México.

8. Los compañeros de juventud de Vicente (derecha al fondo), en el Instituto Lux, gustaban también del motociclismo.

9. Cinthia Fox, en 1968, en brazos de su tío Vicente, quien 32 años después sería presidente de México.

10. Vicente Fox y Lilian de la Concha se unieron en matrimonio en marzo de 1972.

11. Manuel Clouthier, mejor conocido como *Maquío*, a quien Vicente Fox atribuye la influencia definitiva para entrar a la política nacional.

12. Como protesta ante el presunto fraude electoral de 1988, en las elecciones presidenciales, el diputado Vicente Fox se coloca unas boletas electorales simulando las orejas del entonces candidato ganador de la Presidencia de la República, Carlos Salinas de Gortari.

13. Largas y agotadoras debieron ser las jornadas del ahora presidente electo de México cuando en 1991 y 1995 buscó la gubernatura de Guanajuato enfrentando a Ramón Aguirre, primero, y a Ignacio Vázquez Torres, después.

14. Ramón Aguirre festejaba su "triunfo" en Guanajuato en 1991. Días después, ante las impugnaciones del PAN y su candidato Vicente Fox, el torresmochense no se presentaría a tomar protesta como gobernador electo.

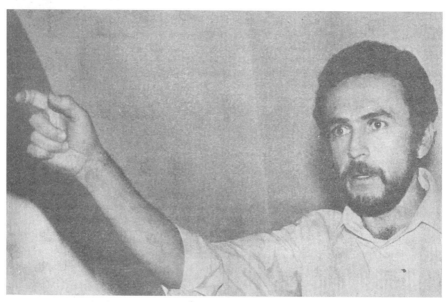

15. El ex alcalde de León, Carlos Medina Plascencia, terminó convirtiéndose en gobernador de Guanajuato en 1991, luego de haberse resuelto que ni Fox Quesada ni Ramón Aguirre ocuparían esa posición.

16. Tres personajes que influyeron en la vida política del panista Fox: Ernesto Zedillo, Diego Fernández y Cuauhtémoc Cárdenas.

17. Vicente Fox, Diego Fernández de Cevallos y Jorge G. Castañeda, en 1994, en una reunión del Grupo San Ángel.

18. En 1995 Ignacio Vázquez Torres era un candidato débil del PRI para disputarle la gubernatura a Fox Quesada. No habría sorpresas, Vicente ganaría sin dificultades.

19. Vicente Fox derrotó sin mayor dificultad a su contrincante priísta a la gubernatura Nacho Vázquez Torres. Prácticamente lo borró.

20. Ana Cristina, Rodrigo, Vicente y Paulina, los hijos adoptivos de Vicente Fox y Lilian de la Concha.

21. Fox conquista la gubernatura de Guanajuato en el tiempo que Carlos Castillo Peraza era el dirigente nacional del PAN; el político yucateco moriría en septiembre del año 2000.

22. Los brazos abiertos y los dedos haciendo la V de la victoria fueron el símbolo de lucha de Fox Quesada hasta su ascenso a la Presidencia de la República.

23. Vicente Fox, como gobernador de Guanajuato, acompañado de Martha Sahagún y Cristóbal Ascencio (extrema izquierda), secretario de Obras Públicas en esa entidad. El ex mandatario estatal gobernará un país con 40 millones de pobres.

24. Martha Sahagún y Eduardo Sojo, dos de los integrantes del equipo de transición del presidente electo en el área de la comunicación social y de la economía, respectivamente.

25. Fox con dos de sus principales colaboradores en el gobierno de Guanajuato, Martha Sahagún y Carlos Tena Tamayo, secretario de Salud.

26. Durante un acto con campesinos guanajuatenses, el entonces mandatario estatal escucha a Javier Usabiaga Arroyo, quien fuera secretario de Agricultura en su gobierno, pero que en 1991 apoyó la permanencia de Ramón Aguirre como gobernador de Guanajuato.

27. Martha Sahagún Jiménez, la zamorana licenciada en administración de empresas que desde el gobierno de Fox en Guanajuato maneja la comunicación social del hoy presidente electo de México.

28. Gobernar cerca de la gente, entre la gente. Vicente Fox se hace bolear las botas en un jardín de la ciudad de Guanajuato.

29. A Martha Sahagún se le liga sentimentalmente al presidente electo de México al grado de que podrían terminar en matrimonio.

30. Uno de los grandes orgullos del gobierno de Fox en Guanajuato fue la organización, en 1995, del State of the World Forum, en donde logró reunir a grandes personalidades de la política mundial como Mijail Gorbachov.

31. Fox heredará en su gobierno varios asuntos espinosos. Aquí, en 1995, con el fallecido subsecretario de Normatividad de la Secretaría de Comercio, Raúl Ramos Tercero, mucho tiempo antes del escándalo del Renave que lo llevaría a la muerte.

32. En junio de 1998 Vicente Fox Quesada y Lilian de la Concha visitaron al papa Juan Pablo II en el Vaticano.

33. El paso de los años: Fox y sus antiguos compañeros del Instituto Lux.

34. El priísta José Luis Romero Hicks, secretario de Planeación y Finanzas en el gobierno estatal de Fox, en 1995, y hermano del actual mandatario de Guanajuato, el panista Juan Carlos Romero.

35. La Presidencia estaba cerca. Vicente Fox se hace acompañar en León por el obispo de ese lugar, José Guadalupe Martín Rábago, y por el actual presidente del Patronato Loyola, Benjamín Zermeño.

36. Como candidato a la Presidencia de la República, Fox regresó a León a colocar la primera piedra de lo que serán las nuevas instalaciones del Instituto Lux, espacio donde inició su educación jesuita.

37. Como a los santos, así ven muchos de sus partidarios a Fox Quesada: la persona que solucionará los problemas del país de una buena vez.

5. Fox candidato,
Medina gobernador

Pero el lunes 19 faltaban diez días para aquel desenlace. A la una de la tarde de ese día Fox se desesperaba por falta de información, porque no se acumulaban las copias de actas, que eran su preocupación principal. Urgió a Ramón Martín que las reuniera. Años después, el coordinador de la campaña explicó que una virtud de organización se volvió defecto y causó aquella demora:

> Por primera vez teníamos un derroche de organización, al grado que nos falló una parte crucial: Nos excedimos en el diseño del formato para el acopio de resultados de la votación en casillas. Éste era de una complejidad tal, tan perfecto, que no funcionó y regresamos a lo más tradicional, al dictado de las cifras de las actas. Esto molestó mucho a Vicente.

Una llamada telefónica a las 15:30 horas (según relata puntual Ricardo Alemán) mitigaría esa molestia de Fox. Era Cuauhtémoc Cárdenas, el líder perredista, desde la ciudad de México: "Ya nos enteramos de lo que está pasando... Sabemos que ganaste, te respaldamos, estamos contigo; si quieres llamarnos a los mítines, hazlo, allí estaremos".

Esa solidaridad perredista se mostraría de otro modo poco después. A las seis y media de la tarde Fox ofreció una conferencia de prensa. Lo acompañaron Porfirio Muñoz Ledo, que terminó levantando el brazo de Fox, en señal de reconocimiento de su triunfo, tal como habían convenido; y Rosa María Hernández, la candidata del PDM, ofrecedora también de apoyo.

Fox admitió que tenía poca evidencia documental de su triunfo, apenas 25 por ciento de las actas, pero que con esas cifras él iba adelante, con unos ocho mil votos de diferencia sobre Aguirre. Explicó su falta de información con una mala noticia: por lo menos 20 por ciento de los representantes de casilla "fueron comprados o amedrentados". Y al descalificar por ésa y otras razones las actas, "que ya no prueban nada", anunció que al día siguiente él mismo y sus partidarios "iniciaremos una lucha hasta las últimas consecuencias, incluida la movilización popular y la resistencia civil pacífica, para lograr el reconocimiento del legítimo triunfo de los guanajuatenses".

En la ciudad de México, a esa misma hora del lunes, el Comité Nacional panista iba imponiéndose de unos resultados generales, en la elección federal y en las locales, que los echaban atrás de nuevo, con graves pérdidas respecto de su avance de 1988. Respecto de Guanajuato, la elección local más importante para la dirección del PAN, se decidió caminar simultáneamente por varias vías: recorrer las instancias jurídicas, al mismo tiempo que empujar la movilización popular, buscar la interlocución con el gobierno federal y promover una intensa campaña de prensa, incluyendo los corresponsales extranjeros. Diego Fernández de Cevallos fue encargado de coordinar las acciones en el Distrito Federal y el presidente del partido, Luis H. Álvarez, viajó a

León, donde a la hora de la comida del martes 20 se reunió con Fox, para conocer de su propia voz la situación y ultimar detalles de la gran concentración que se realizaría esa noche, en la Plaza de los Mártires.

Mientras conversaban en el hotel Real de Minas, don Luis recibió un informe telefónico de Fernández de Cevallos: se había reunido por la mañana con Fernando Gutiérrez Barrios, secretario de Gobernación. Cada uno mostró su posición firme. El gobierno federal esperará hasta conocer los resultados oficiales, antes de tomar cualquier posición, había anunciado Gutiérrez Barrios. Con una estrategia distinta, el propio secretario de Gobernación recibiría en su oficina, al día siguiente, miércoles 21, al doctor Salvador Nava, que protestaba por el fraude en San Luis.

A las ocho de la noche del martes 20 la Plaza de los Mártires estaba atestada. Ante la multitud resuelta a defender su voto, hablaron primero los diputados federales Juan Miguel Alcántara, el vencido por Fox en la convención panista del año anterior, y Carlos Castillo Peraza, asesor de Álvarez, que había tenido buena relación con Fox en los periodos de sesiones y en el gabinete alternativo. Cerraría Fox, quien ofreció nuevas cifras: dijo que con la mitad de las actas en su poder superaba al candidato priísta: 270 393 votos contra 263 793. Pero insistió en que las actas carecían ya de valor: "ya no son un documento confiable, casi ninguna es inmaculada". Y empleó quizá por vez primera su referencia campirana, que se haría famosa en su campaña presidencial: "todas son una marranada".

Aunque Fox suscitó con su vehemencia el entusiasmo de sus seguidores, quienes corearon afirmativamente su convocatoria a practicar la resistencia civil, el discurso más oído en los círculos oficiales fue el del presidente nacional panista, que volvería a la mañana siguiente para abrazar en el Distrito Federal al doctor Nava.

Dijo don Luis que el asunto de Guanajuato no importaba sólo en Guanajuato, sino en todo el país y en el extranjero. Advirtió:

> La credibilidad del régimen en el interior del país resultaría gravemente dañada si se atreve a consumar el intento de fraude. Esto no es sólo nefasto para el gobierno, sino desastroso para la nación, porque una nación que ya no puede creer en sus autoridades, difícilmente podrá acudir a la convocatoria de éstas.

Y tras esa insinuación de que el diálogo entre el PAN —la nación— y el gobierno se rompería, atacó por el flanco externo:

> ¿Qué confianza podrá tener un gobierno democrático latinoamericano para hacer tratos con el nuestro si sabe que el gobierno mexicano es incapaz de cumplir su palabra hasta frente a sus connacionales? ¿Qué confianza podrá tener en el gobierno de México el inversionista extranjero si sabe que aquí impera la arbitrariedad y no se respeta el derecho?

Acción Nacional estaba amenazando, por boca de su presidente, con el retiro del aval que ese partido significaba para el gobierno. La dirección panista temía que el desenlace electoral del 18 de agosto resultara en realidad una burla para su apoyo a Salinas. Por eso, en una nueva reunión con Gutiérrez Barrios, Fernández de Cevallos dijo de otro modo lo que había dicho don Luis en la víspera leonesa:

> No es posible sostener un proyecto de transición hacia la democracia con una elección como la de Guanajuato, en donde hay un notable retroceso, en donde pareciera que no ha cambiado nada.

De una conversación a otra, de martes a miércoles, la posición del secretario de Gobernación se modificó levemente. La segunda vez comenzó ya a explorar: ¿qué proponen?, y Diego a sugerir: la reparación del daño. Del único modo posible, agregó: reconociendo el triunfo de Fox. Por lo menos, ha de haber añadido, no sostengan a Ramón.

Ese miércoles, una nueva concentración foxista, esta vez en Irapuato, mostró que la resistencia no amainaría fácilmente. Castillo Peraza leyó el discurso que don Luis H. Álvarez había pronunciado la víspera en León. Lo leyó tan bien que parecía propio. Fox, por su parte, estrenó un argumento. Mejor dicho, caminó hasta probar que las actas eran "una marranada". Su partido había estudiado tres mil actas, de un total de 3 850, y encontró que en 506 figuraba un número de votantes superior a los enlistados en el padrón. Y había 597 casillas conocidas extrañamente como "zapato", donde nadie votaba por nadie que no fuera el PRI. Como coincidían algunas con esa doble condición, el total de las actas cuya anulación se pediría, anunció Fox, llegaba a 700.

El jueves, en el DF, Diego vio que Gutiérrez Barrios se ablandaba: si no hay pruebas definitivas de que ganó Fox, no es posible que se le otorgue el triunfo, habría dicho una vez más. Pero añadió una novedad, abrió una rendija: vamos a buscar una salida, una nueva elección sin Ramón y sin Vicente.

Diego rehusó tomar ese compromiso: "Podemos analizar la eventualidad de anular la elección, pero Fox estará de nuevo en la contienda; eso es definitivo". Y pidió ver a Salinas. Lo vieron, apenas transcurridas unas horas después de la solicitud, el propio Fernández de Cevallos y don Luis. Éste, en la habitual conferencia de los jueves en la sede panista, había ya elevado la mira: "Se trata de una victoria pírrica, que se debe a

Salinas, quien desarrolló una muy intensa actividad electoral que no se identifica con la responsabilidad propia del Ejecutivo". Cuando hablaron con el presidente, dijeron en su cara lo que habían venido diciendo desde el domingo. Salinas ofreció pensar el asunto.

Álvarez viajó a Celaya apenas concluida la audiencia presidencial. Era preciso no cejar en las demostraciones multitudinarias de fuerza. Ante el gentío, que los sorprendió por su entusiasmo, aun mayor que el de León, Fox volvió a las 700 actas fraudulentas que le dieron al PRI, aventuró un nuevo dato, unos 120 mil votos falsos. El candidato anunció que el viernes comenzarían las acciones de resistencia civil.

Se iniciaron con una nueva, masiva concentración en León, espacio natural para el encuentro de Fox con el panismo más dinámico del estado. Reticente a la efusividad personal, y con la vivencia atemperada por el paso del tiempo y su colocación ante circunstancias de mayor alcance, a la hora de escribir sus recuerdos apenas dedica un párrafo a las movilizaciones que comenzaron aquella noche:

> Iniciamos una marcha de 60 kilómetros a la ciudad de Guanajuato, la que llamamos *la caminata por la democracia*, para exigir al tribunal estatal electoral la anulación de por lo menos 700 casillas. Como parte de las acciones de resistencia civil, tomamos carreteras, el aeropuerto internacional, cercamos a la ciudad de Guanajuato; plazas como las de León, Celaya, Irapuato o Dolores, rebosaban de ciudadanos, lo mismo amas de casa que estudiantes y ancianos, que denunciaban el fraude electoral.

En el mitin en León el 23 de agosto, el cuarto en un mes, sin que cediera la cuantía de la concurrencia, hubo una presencia inesperada. Como lo haría el 2 de julio del 2000, Porfirio Muñoz

Ledo habló ante una plaza llena de partidarios de Vicente Fox. Con su pasión por la contundencia definió al que estaba en curso como "el fraude más sistemático y perverso que conoce la historia de México" y aventuró su deseo de lograr una "suma de convergencias democráticas". Don Luis H. Álvarez, que iba y venía de León al Distrito Federal, pues en ambos lugares, con instrumentos diferentes, se encaraba la decisión de imponer a Aguirre porque según él había triunfado, dijo a los asistentes: "Ustedes son la prueba de esa mentira, y la verdad del voto real es que ganó Vicente Fox Quesada".

A su turno, éste hizo subir a 350 mil los votos falsos adjudicados al candidato priísta, que apenas la víspera, en Celaya, eran 125 mil. Ya no le importaba la fidelidad de las cifras, pues le parecía inmoral que se impusiera la carga de la prueba a las víctimas del fraude, en vez de que las autoridades lo averiguaran.

A la mañana siguiente, y al frente de cientos de sus partidarios, Fox caminó la mitad de su recorrido hacia la capital del estado. A la hora del crepúsculo hizo un alto en Silao. Al mismo tiempo, terminaba en la ciudad de México una reunión del Comité Nacional panista en la que se analizaron los preocupantes resultados de la elección federal (que reportaron sólo 10 diputaciones de mayoría, a diferencia de las 38 ganadas en 1988, si bien se obtuvo la primera senaduría, en Baja California, con Héctor Terán Terán, que moriría siendo gobernador) y los casos de Guanajuato y San Luis Potosí. Además de rechazar los resultados oficiales por "el cúmulo de irregularidades que se dieron antes de la jornada y el día de la elección, particularmente en el levantamiento del padrón y la entrega de credenciales para votar", el Comité panista convocó a su Consejo Nacional a una sesión en León, para el 7 y 8 de septiembre.

Temprano al domingo siguiente, el secretario de Gobernación buscó a Fernández de Cevallos. Lo urgió a encontrarse y lo hicieron en la oficina del dirigente panista, en la avenida Virreyes. Gutiérrez Barrios delineó allí el esbozo de un acuerdo: Ramón Aguirre no sería gobernador, Fox tampoco, pero Acción Nacional podría sugerir a quien desempeñara el interinato, acompañado de un secretario de Gobierno propuesto por el régimen federal. Diego tomó nota e insistió en la anulación de los comicios. La de los resultados de 700 casillas era a su vez demandada, al comenzar la tarde de esa jornada dominical, por Fox y sus caminantes que llegaron a Guanajuato en la segunda parte de su marcha por la democracia.

Los priístas, por su parte, habían pasado la semana relujando las cifras que anticiparon en la madrugada del lunes 19 y complicaron después. El martes por la tarde Aguirre ofreció una conferencia de prensa, cuya tardanza excusó diciendo a los periodistas que "si los convocamos hasta ahora [fue] porque haberlo hecho antes, recién concluida la jornada electoral, sin documentos que avalaran mi triunfo, habría sido contraproducente y de poco respeto a la ley". Veinticuatro horas después repitió la reunión con periodistas, esta vez con la presencia de Rafael Reséndiz, el secretario de Información del Comité Nacional priísta, quien presentó al ex regente como el triunfador. Aguirre insistió en considerarse victorioso y en desestimar las acusaciones y la movilización de los opositores: es muy fácil hacer esos señalamientos, razonó; "lo difícil es probarlos con documentos, y ésos los tenemos nosotros". Al concluir la conferencia de prensa Aguirre acudió durante un rato a una verbena ante la Alhóndiga de Granaditas, no muy concurrida, y luego viajó a la ciudad de México.

Allí se reuniría, a la mañana siguiente, jueves 22, con Luis Donaldo Colosio. Al líder nacional priísta y a su personal inmediato les preocupaba el volumen de la votación atribuida a Aguirre. En 1988, Salinas había obtenido apenas 320 mil votos y ahora resultaba que el ex director de la Lotería Nacional duplicaba esa votación, muy por encima de la previsión de 450 mil votos que se había manejado internamente y a la que el propio Aguirre se había referido como la meta por alcanzar.

Volvió a suelo guanajuatense en las siguientes horas y al mediodía del viernes 23 presidió en el Centro de Convenciones de León una "comida de la victoria" que se avenía muy bien con su carácter inclinado a la vida alegre. Era fama que, en la familia feliz, a él correspondía la vena lírica, jolgoriosa. Le gustaba oír y cantar, entre otras muchas melodías, una titulada "Motivos" ("quise motivar tu vida, quise motivar tu vientre...") y era un memorioso y divertido contador de chistes. Aunque dio un discurso a sus correligionarios, estaba más interesado en escuchar las canciones del grupo Bronco. Se le veía feliz. Estaba feliz.

Era un triunfador. Había llegado a la ciudad de México, muchacho pobre recién salido de San Felipe, a casa de unos parientes en la calle Pensador Mexicano, en la colonia Guerrero, cerca de la estación de Buenavista. Hizo carrera en la contabilidad. Un día buscó volver al terruño y logró que el PRI lo hiciera candidato a diputado federal por Acámbaro, en 1979. Pero su buena suerte lo forzó a abandonar la postulación en la víspera de ser elegido: su amigo Miguel de la Madrid fue nombrado secretario de Programación y Presupuesto y lo reclamó como subsecretario, faltando dos meses para los comicios. No vaciló en abandonar a sus partidarios, que sin embargo en 1991 hicieron pintar millares de metros de bardas con leyendas a las que no había hecho honor 12 años atrás: Ramón es de casa, Ramón es de los nuestros.

El sábado 24, al mediodía, ofreció una conferencia de prensa en Guanajuato. En la víspera, durante la comida en León se había dado tiempo para conversar con los reporteros, tanto los locales como los enviados desde la ciudad de México. Sorprendió que hubiera tan pronto una nueva cita. Y aún más que la reunión careciera de materia. Parecía que Aguirre había llamado a los periodistas sólo por el gusto de estar con ellos y asestarles lugares comunes como que "el interés de Guanajuato debe prevalecer por encima de expresiones partidarias, por legítimas que sean".

La fiesta siguió al día siguiente, domingo 25. Esta vez la ofreció Luis Ferro de la Sota en su rancho de San Miguel Allende. Ferro de la Sota había reemplazado a Miguel Montes a la cabeza del Comité Estatal del PRI en Guanajuato y, junto con Rafael Oceguera, había tenido la responsabilidad de coordinar la campaña. A su celo se debía la holgada diferencia de votos que dio a Aguirre su triunfo inobjetable y contundente. De esa condición de la victoria se daría cuenta en desplegados remitidos desde el Distrito Federal y que Ferro de la Sota llevó a insertar a los diarios guanajuatenses el lunes, en que también se redactaron localmente apoyos al candidato priísta, como el que empresarios guanajuatenses suscribieron ese día, para ser publicado al siguiente.

El 26 de agosto la verdad priísta se bifurcó, se partió en dos. Públicamente se enviaron a la prensa felicitaciones a Aguirre, dando por hecha su entronización. Pero en la misma fecha el presidente Salinas pidió a Aguirre el supremo sacrificio de retirarse.

Importa, por un lado, recuperar el mensaje en que empresarios guanajuatenses felicitaron a Aguirre, porque entre los firmantes se hallaba Javier Usabiaga Arroyo, nueve años más tarde miembro del equipo de relevo del presidente electo Vicente Fox y probable integrante del gabinete, ya sea en Agricultura o en la Reforma Agraria.

Los firmantes felicitaron a Aguirre "por su contundente triunfo como candidato a la gubernatura de Guanajuato, alcanzado en el marco de las más copiosas votaciones de la historia política de nuestro estado, con más de 620 mil votos que lo hacen triunfador indiscutible". Para los empresarios, "esta jornada electoral fue un ejemplo de civismo y de la renovada cultura democrática de nuestra sociedad guanajuatense", por lo que advirtieron contra las "actividades de intolerancia", una forma de aludir a las movilizaciones de protesta. Cuatro días más tarde, esos mismos empresarios lamentarían la renuncia de Aguirre y la designación de Carlos Medina Plascencia.

El lunes, en la ciudad de México, Aguirre fue llamado a Los Pinos. Según confió a Adriana Amezcua y Juan E. Pardinas, allí le hicieron "la petición de declinación", que aceptó de inmediato, aunque condicionándola a que se instrumentara "de alguna manera que no representara alguna agresión adicional a Guanajuato". Él no quiso limitarse a enviar una carta como, según dijo, hicieron Fausto Zapata en San Luis Potosí o Eduardo Villaseñor en Michoacán. Por supuesto que esa explicación la forjó mucho más tarde, pues cuando se "instrumentó" su salida no habían acontecido los casos que refiere. De cualquier modo, según narra, decidió que

...no iba a salir corriendo de Guanajuato porque yo no hice nada de lo que me pueda avergonzar. En esas condiciones, yo regresé a Guanajuato y ya se sabía que iba a declinar. Se instrumentaron algunas acciones que me llevaron al nombramiento de gobernador electo de Guanajuato. Fue una comisión del Congreso a informármelo el jueves por la noche y posteriormente yo les entregué la carta en la que señalaba que no me iba a presentar en la toma de protesta.

Ese lunes regresé a Guanajuato. En ese momento había celebraciones de las delegaciones priístas y de la gente que veía coronada la tarea de la campaña y de su esfuerzo personal. De lunes a jueves no se lo comuniqué a nadie, fueron largos días de un pesado silencio. Para el jueves en la mañana ya había trascendido en el Distrito Federal la situación de mi declinación. Reuní a mis dos hijos y a mis más cercanos colaboradores, los llamé a mi casa de Guanajuato. Fue muy pesado guardar el secreto por cuatro días. Esa mañana hubo caras de desconsuelo, de coraje, de frustración de mis colaboradores, mientras yo trataba de encontrar las palabras para explicar que la luz radiante y el futuro promisorio que teníamos el día anterior se cambió por la más intensa de las oscuridades. Lógicamente, les cayó como bomba. A mí me descargó un poco de esa presión...

Afiné los últimos detalles de mi intervención, que tendría esa noche por televisión, para comunicar e informar al pueblo de Guanajuato la situación por la que yo había tomado esa decisión. Antes de aparecer en televisión le hablé a mi esposa, que se encontraba en Cuernavaca, para avisarle y que no se enterara por los medios de comunicación.

En su libro sobre aquel proceso electoral, Ricardo Alemán había dado una versión distinta de los hechos, los cuales situó el martes 27. Ese día Aguirre habría hablado telefónicamente con Luis Donaldo Colosio, que le dio seguridades de que todo iba bien. Pero las habría desmentido su conversación con el secretario Gutiérrez Barrios, encargado de pedirle que dimitiera antes de que lo hiciera directamente el presidente Salinas.

Lo que efectivamente ocurrió ese martes fue la publicación de dos textos que mostraban el doble plano en que transcurrían a esas horas los acontecimientos. Por una parte, Enrique Krauze

140

publicó en *La Jornada* y en *El Norte* un artículo escrito especialmente para *The Wall Street Journal,* en que fulminaba el deplorable proceso guanajuatense:

> ¿Qué pensaría el votante de una democracia de primer mundo si en el momento de sufragar descubriese en la puerta de la casilla a un individuo que le pide cuentas del voto? El caso fue frecuente, por ejemplo, en las recientes elecciones del estado de Guanajuato. En favor de su candidato —un burócrata con fama de corrupto— el PRI gastó los fondos públicos en una costosa campaña y movilizó a los campesinos como ganado político: los transportó, los alimentó, los consintió, los convenció y, en un momento, seguramente los intimidó para que votaran por él. El candidato del PAN, un empresario independiente, hizo una buena campaña que según sus cómputos le dio el triunfo. Las autoridades han dado la victoria al PRI. La contienda en Guanajuato demuestra algo evidente: en México la alternancia del poder, aun en el nivel local, no es difícil: es prácticamente imposible.

Simultáneamente, el PRI se ufanaba de sus resultados. En diarios capitalinos apareció ese martes el desplegado que la víspera figuró en las ediciones de la prensa guanajuatense. A la manera escolástica, se establecían las objeciones y se las resolvía. Por ejemplo, a la impugnación de que había sido deficiente la credencialización de los electores, por debajo de la media nacional (pues en el estado llegó apenas a 78 por ciento, mientras que en León era mucho menor, de 69 por ciento), el PRI contestaba con datos del IFE que el promedio estatal había sido de 92.6 por ciento, mientras que la media nacional había llegado a 92.5 por ciento.

El miércoles 28 de agosto, los dirigentes panistas conocieron por boca de Fernández de Cevallos los pasos propuestos por el gobierno federal. Aguirre se retiraría y sería designado un gobernador interino. Ya el domingo se había consultado a Carlos Medina, que estaba de viaje, y a Vicente Fox, que a su vuelta se encontró con el alcalde de León y juntos convinieron en la designación de aquél. Fox había llegado a la conclusión de que estaban en el caso de Luis Mejía y Juan Tenorio ante doña Inés: "Imposible la habéis dejado, para vos y para mí". No se saldría con la suya Aguirre, pero tampoco era posible probar la propia victoria. Fox no sería gobernador en ese momento. El mal menor era que un interino convocara a elecciones de nuevo, y que ese interino garantizara la modificación de las condiciones electorales, algo que sólo un panista podría lograr. Medina Plascencia ya había aceptado.

En aquel momento los protagonistas eludieron su responsabilidad. Nadie aceptó el acuerdo que era ostensible, pero cuya paternidad no quería ser asumida por nadie. Tiempo más tarde, Fernández de Cevallos aceptó su participación en las decisiones, aunque la justificó con un hecho ocurrido posteriormente. Dijo a Óscar Hinojosa:

>...entendíamos que el proceso jurídico-político había quedado agotado con la calificación sectaria del colegio electoral en favor de Aguirre contra toda ley y contra todo hecho. La presión ciudadana reclamaba una rectificación en los hechos, y no había un procedimiento legal expreso para poder impugnar la resolución del Congreso.

Sólo que la aceptación del pacto propuesto por el gobierno ocurrió antes de la calificación electoral, presuponiéndola cierta, pero previamente a su concreción. Por eso el propio miércoles Fox anticipó los acontecimientos ante los corresponsales extranjeros, a quienes reunió en la ciudad de México. Admitió que gobernaría una administración encabezada "no necesariamente por Vicente Fox, pero sin duda no por Ramón Aguirre". En sentido semejante corrió al día siguiente la conferencia de prensa que suele ofrecer los jueves el Comité Nacional panista: conociendo que era un hecho, su presidente, don Luis H. Álvarez, anunció que "todavía hay posibilidades de que el gobierno rectifique", y Fernández de Cevallos, que estaba al tanto de lo que ocurriría en las siguientes horas, condicionó la cercanía de su partido al del gobierno: "Si no hay una rectificación, si no se toma en cuenta lo que ha hecho Acción Nacional por el tránsito a la democracia, entonces el PAN tomará un camino diferente".

Durante la tarde y la noche de ese jueves los acontecimientos se sucedieron vertiginosamente: el Congreso local se reunió en Guanajuato para calificar la elección, aunque necesitó para hacerlo un receso que se llenó de incertidumbres y contradicciones. Los diputados priístas fueron instruidos para declarar a Aguirre gobernador electo a la brevedad, pero no sabían a qué atenerse porque arreciaban los rumores de que el candidato al que declararían triunfante se iría de la entidad. Después de las diez de la noche, y aun con la oposición panista (cuyos integrantes ignoraban las conversaciones de su partido con el gobierno), Aguirre fue declarado gobernador. Se había compelido a los oficialistas a actuar tan de prisa, que aprovecharon el receso necesario para confeccionar el acta, para comunicar la decisión al candidato.

A las 11 de la noche, eufóricos los priístas, grave el rostro de los panistas (como Antonio Obregón Padilla, que a poco sería procurador y años más tarde secretario de Gobierno), se encontraron con el destinatario de su mensaj, en su casa. Le notificaron la resolución del Colegio Electoral y Aguirre, en vez de agradecer el fallo, concretó los rumores que habían estorbado la deliberación de los calificadores: no acudiría a tomar posesión.

Extendería al público en general ese aviso poco después. Desde el hotel Camino Real, donde lo esperaba un escenario *ad hoc*, ofreció una conferencia de prensa transmitida por la radio y la televisión locales:

"He resuelto no presentarme a rendir protesta como gobernador constitucional del estado de Guanajuato". Se atribuyó a sí mismo la decisión. La adoptó, dijo, "ante mi propia conciencia, plenamente convencido de que ésa es la parte que me corresponde para preservar la concordia y la paz en Guanajuato". En acto de disciplina rayana en la sumisión se declaró leal al presidente de la República y a su partido. Pero no impidió al despecho fluir: "la provocación y la irresponsabilidad han enrarecido el clima político" y "la válida discusión sobre la legalidad del proceso está siendo desplazada por acciones al margen de la ley". Sentenció que Fox pretendía por el camino "del chantaje y la violencia, apoderarse de un gobierno que sabe que el voto no le ha dado", y lo acusó de haber "mostrado un profundo desprecio por la dignidad del pueblo al señalar que un desayuno o una obra compran la conciencia de un votante" y de no comprender "que ganar una ciudad no significa ganar un estado". A Muñoz Ledo le fue peor: lo hizo culpable de "haber sembrado desconfianza y terror en este proceso y de empeñar su participación sólo en búsqueda de ventajas políticas personales. Su ambición sólo es superada por su perfidia".

Al mismo Aguirre, sin embargo, lo maltrataría después su propio partido. En vez de mantener la especie que se permitió al ex regente propalar, su renuncia *motu proprio* como contribución a la paz guanajuatense, Luis Donaldo Colosio dijo que el partido lo había decidido así e insinuó razones de moralidad política para hacerlo, es decir, admitió que se había hecho trampa. Durante una reunión del Consejo Político Nacional priísta, no mucho después de esos episodios, Colosio explicó el desenlace:

El balance positivo y los triunfos que alcanzamos nos llenan de legítima satisfacción, pero al mismo tiempo nos ponen frente a nuevas responsabilidades. Me debo referir, por ello, a los recientes acontecimientos en Guanajuato. En el marco de los avances electorales del partido en todo el país, en este caso se presentan condiciones singulares que pusieron en tensión, legalidad, ética y capacidad política, obligando a nuestro partido a hacer un riguroso examen de los distintos cursos de acción que allí se podrían adoptar. En Guanajuato, el voto nos dio el triunfo de la legalidad, pero las condiciones peculiares de la contienda en ese estado nos plantearon la exigencia de conciliar el triunfo con los principios de nuestra moralidad política.

Insistió aun que "en un ejercicio de ética pública, antepusimos nuestra responsabilidad superior con la nación... al legítimo reclamo de victoria electoral del partido". Y fue rotundo al definir: "Las razones que expuso nuestro candidato para no ocupar el cargo por el que contendió" son razones de partido.

Fox mereció una referencia en ese discurso de Colosio. Reiteró que el retiro de Aguirre no fue el

...reconocimiento de supuestos ilícitos electorales. Nuestra invitación a cotejar actas no tuvo otra respuesta que las expresiones despectivas hacia la legalidad, del candidato panista Vicente Fox Quesada. Lesionan a la democracia quienes no acreditan, con pruebas, sus acusaciones.

Colosio aludía al mitin con que, minutos después del sacrificio de Aguirre, presidió Fox mismo a las puertas del Congreso local que, según dijimos líneas antes, sólo había entrado en receso, y no concluida su sesión. Había pocas personas, sólo unos cuantos centenares, muchas menos que los miles de ciudadanos que lo habían acompañado en los mítines. Todavía el martes anterior, bajo la lluvia, unos cinco mil leoneses le habían ratificado su confianza. La inesperada renuncia de Aguirre sólo permitía a Fox demandar, en el improvisado mitin, que no hubiera un interino priísta. Sabía que otro era el curso acordado, y pudo por eso darse el lujo de disminuir el golpe de su derrota personal imponiendo una condición que se cumpliría.

Ramón Martín Huerta sostiene que Fox "no participó en conversación o exigencia alguna ante el gobierno federal". Otros lo hicieron y participaron sus conclusiones al candidato quien, refiere su sucesor en el Ejecutivo de Guanajuato,

> ...un día, al regreso de la ciudad de México me comunicó que ante la verdad constitucional de que a Ramón Aguirre se le había nombrado gobernador electo, él estaba imposibilitado para defender su triunfo. Eso, me dijo, lo obligaba a aceptar los resultados de un interinato que se había convenido.

Fox mismo, por su parte, se ufana de su participación en esa parte del episodio y en el nombramiento de Medina, pero su memoria flaquea. Asegura que

> ...en la plaza Mártires del 2 de enero de León les aseguré a todos los panistas ahí reunidos que el gobernador interino sería un miembro del partido. Ante miles de militantes abrí la posibilidad de que alguien como Carlos Medina, alcalde de León, ocupara la silla y así lo propuse.

No ocurrió así. No hubo tiempo de que ocurriera de ese modo. Los atónitos diputados, que a las 11 de la noche del jueves 29 conocieron la inopinada respuesta de Aguirre, lo acompañaron al anuncio público de su decisión y a la medianoche volvieron a la Legislatura, donde Fox hablaba ante algunos de sus seguidores y lo más que ofrecía es que el interino no sería priísta. Apenas comenzado el viernes 30, los legisladores del oficialismo accedieron a firmar una convocatoria para un nuevo periodo de sesiones, que se efectuaría 12 horas después. Cada sesión extraordinaria tiene que ser citada para un asunto específico. La que había transcurrido unas horas antes sirvió para la calificación electoral. Y había que llamar a otra sesión donde se designara gobernador interino. Y la instrucción era que el nombramiento recayera en Medina Plascencia. Aunque se rebelaron brevemente y aun encararon con rispidez al gobernador, terminaron acatando. Al mediodía del 30 de agosto, día de Santa Rosa de Lima, comenzó la sesión y poco después de la una quedó a discusión el dictamen con el nombramiento del todavía alcalde de León. Fue imposible aprobarlo en ese momento, porque una muchedumbre asaltó el Palacio Legislativo y obligó a suspender la sesión. Sólo en la madrugada del domingo 1o. de septiembre pudo consumarse la designación, tras muchos forcejeos de todo género.

Entre el mediodía del viernes, momento del primer intento, y la noche en que efectivamente se congregó el mitin de que habla Fox, circuló profusamente la noticia del nombramiento de Medina. Más todavía, el líder estatal panista la oficializó en el discurso de apertura de la gigantesca concentración. La plaza tenía ánimo de festejo, porque Aguirre se había caído de la silla antes de ocuparla y porque la consecuencia lógica, a sus ojos, según su razonamiento elemental, era que Fox se sentara en ella. Los miles de asistentes se calentaron al entender que no sería así. El grito unánime que coreaba el nombre del candidato, urgiendo que él fuera gobernador, tuvo que ser acallado por el propio Fox que aplaudió primero ese triunfo del pueblo de

Guanajuato: se había logrado "detener la imposición de un nuevo virrey, porque la renuncia fue un claro reconocimiento de que Aguirre no fue el triunfador. Ramón padecía remordimientos de conciencia por tanta marranada que hicieron y por eso decidió renunciar". Y luego apoyó el sentido de la operación acordada (sin decir, por supuesto, que era convenida):

> Sólo aceptaremos un gobernador interino en la persona de Carlos Medina Plascencia, porque es garantía de honestidad y de que habrá elecciones extraordinarias limpias, legales y en igualdad de condiciones para todos los partidos, pero seguiremos en pie de lucha.

Fox mismo admite que la designación de Medina era muy anterior a la fecha de ese mitin:

> Carlos había decidido que sus vacaciones coincidieran con el proceso electoral y se había marchado a Orlando, pero tuvo que regresar el 25 de agosto. Desde que lo vi le informe de mi intención de que fuera nombrado gobernador interino, y aunque se mostró reticente a aceptar, por su familia y por la labor inconclusa que dejaría como alcalde de León, finalmente estuvo de acuerdo.

La designación se embrolló. Mientras el Palacio Legislativo permanecía tomado por huestes priístas ese viernes, una tropa diferente, mejor vestida pero igualmente enojada, entró por la fuerza a entrevistarse con el gobernador Corrales Ayala, en su oficina: eran empresarios, sus esposas y diputados electos. Increparon al gobernador, quien sin embargo pudo persuadirlos de que no había nada que hacer: eran órdenes de arriba. La misma respuesta obtuvieron, a la mañana siguiente en la ciudad de México, dos diputados que tomarían posesión el 26 de septiembre.

Sus compañeros los enviaron a hablar con el secretario de Gobernación. No había nada que hacer. Nombrar a Medina Plascencia era una orden de arriba. Todavía la tarde entera sabatina permanecieron en su lugar los ocupantes de la Cámara de Diputados, y algunos de los legisladores informaron a Corrales Ayala que no reanudarían la sesión. El gobernador convenció a un diputado pedemista que la presidiera, en ausencia del priísta renuente, y a un parmista que hiciera de secretario. Fatigada, y puesta también, no sin violencia, ante la razón irrefutable de las órdenes de arriba, la alterada muchedumbre que impedía la sesión del Congreso abandonó el recinto al convertirse el sábado en domingo. Cuatro horas después, en la fría madrugada del día en que Carlos Salinas rendía su tercer informe presidencial, fue posible formalizar el nombramiento de Medina Plascencia. Asistieron 15 de los 28 diputados. Nueve votaron en pro del dictamen.

El domingo siguiente evalué en la "Plaza pública" ese desenlace:

Acción Nacional niega que haya negociado nada con el gobierno. Es difícil creer su dicho porque los resultados parecen proceder, todos, de un arreglo. Y ya se sabe que si un ave grazna como pato, camina como pato y vuela como pato, uno tiene derecho a creer que es un pato. Pero un arreglo, una negociación, son operaciones normales en la política y nadie debería asustarse de ellas, ya que pueden generar consecuencias positivas. Sólo se requiere que haya en ellas transparencia absoluta o, cuando la discreción obligue a no festinar sus términos, evitar la simulación y los dobles mensajes. Debe quedar claro, por ejemplo, cómo llegó a la gubernatura Carlos Medina Plascencia. Acción Nacional no pudo imponer la decisión ciudadana de hacer gobernador a Fox, pero pudo evitar la imposición presidencial de hacer gobernador a Aguirre, porque el gobierno lo necesita como aval político. En términos de ese crudo realismo hay que examinar los hechos...

Órdenes de arriba: el que las dictó se dignaría mucho más tarde explicar el hecho. En su profusa y fallida memoria aparecida en la víspera de que Fox asumiera la Presidencia de la República, Carlos Salinas deslizó una referencia al episodio de Guanajuato. Aportó, sin abundar en el hecho (y dejándonos sin tiempo para ahondar en él), un nuevo elemento para la virtual destitución de Aguirre: "Se descubrieron cheques del gobierno del estado emitidos directamente para financiar la campaña del PRI local. Algunos propusieron que se anulara el proceso electoral, pero eso hubiera impedido establecer el Congreso local, cuyos integrantes también fueron elegidos en esa elección". Y tras diagnosticar que la designación de Medina Plascencia y el interinato "acordado con el PAN" "crearon condiciones de armonía indispensables para la estabilidad política del estado y del país", informa que "con varios de los participantes se dialogó antes de que se realizaran esos cambios, y estuvieron de acuerdo".

6. La travesía del desierto

Autor involuntario del interinato de Medina Plascencia, con su exagerada duración coincidió el peor periodo de la vida política de Vicente Fox, si bien durante esos años el fallido candidato a gobernador acrisoló su carácter y, lo que es más importante, ganó la posibilidad legal de aspirar a la Presidencia de la República.

El proceso de 1991 no terminó para Fox con la mañanera sesión, madruguete dirían algunos, en que el ex alcalde de León fue designado por la Legislatura local. De inmediato un coletazo del dinosaurio herido agravó el daño padecido por el ya fatigado ex aspirante panista a la gubernatura. El despecho condujo a la Legislatura saliente a pretender una reforma a la Constitución local que impidiera a Fox presentarse de nuevo a una elección, como era obvio que podría y debería suceder.

El sábado 7 de septiembre se reunió en León el Consejo Nacional panista. Originalmente su cita en esa ciudad se inscribía en el plan de resistencia a la imposición de Aguirre, pero el giro de los acontecimientos condujo a poner el acento en la regresión que, a su juicio, significaron los comicios federales del 18 de agosto. El Consejo emitió una declaración fulminante contra el gobierno. Acusó al Ejecutivo de incumplir su oferta de un acuerdo nacional para la vida democrática y determinó que "subsiste el gravísimo problema de la falta de legitimidad política y democrática".

Tal postura fue un duro revés para el gobierno y su partido, que conferían gran importancia al aval panista. Parecía claro que esperaban del doble gesto de despedir a Aguirre y nombrar a Medina una actitud que restituyera los nexos de vinculación política, y no el bofetón leonense. Y aunque en la reunión panista Medina Plascencia dio cuenta de la reunión suya y de los dirigentes de su partido con el presidente Salinas, quien ofreció acudir a la toma de posesión, y donde se convino en que Salvador Rocha Díaz sería nombrado secretario de Gobierno, era claro que se había roto el lazo entre el PAN y el gobierno.

Por eso desde el centro se dio vía libre al revanchismo local. Temprano el lunes 9 fue presentada una iniciativa de reforma constitucional, a los artículos 68 y 110, para que sólo pudieran gobernar los nacidos en Guanajuato, sin importar el tiempo de residencia. Aunque no era, en el sentido técnico constitucional, una ley privativa, estaba claramente dirigida a dos de los participantes en el recién concluido proceso electoral, y más específicamente a Fox. Éste había nacido en el Distrito Federal y aunque se hizo guanajuatense desde los primeros días de su vida, con esa enmienda quedaría imposibilitado para contender de nuevo. (De paso, Miguel Montes, todavía diputado federal como Fox en ese momento, y cuya candidatura habría evitado las vicisitudes vividas en Guanajuato en esos meses, quedaría también excluido, porque nació en Degollado, Jalisco. Y tampoco hubiera podido gobernar Ramón Martín, igualmente jalisciense, de San Juan de los Lagos.)

La inquina contra Fox propició la celeridad legislativa. En sólo un día el proyecto de reforma fue enviado a comisiones y expedida la convocatoria para un periodo extraordinario de sesiones —¡el tercero en menos de una semana!—, y el martes 10 la enmienda fue aprobada por la mayoría priísta, enteramente obediente esta vez, que la remitió a los ayuntamientos de inmediato. Inútilmente, ya con poca gente alrededor suyo, porque a pocos quedaba claro el alcance de la reforma, Fox presidió un mitin a las afueras del Congreso local, en protesta contra su exclusión.

Con velocidad grotesca, antes de que transcurrieran 24 horas desde su aprobación inicial, el miércoles 10 por la mañana la Legislatura certificó que 34 de los 46 ayuntamientos habían ratificado la reforma y la envió al gobernador, para que la publicara. Ese mismo día, en una operación de pinzas como las de las semanas precedentes, al mismo tiempo que una representación panista demandaba en Gobernación al secretario Gutiérrez Barrios que interviniera contra esa provocación, se organizaba un mitin, de nuevo en León. Colmada otra vez la plaza, el mitin presidido por Fox conoció sus propuestas para enfrentar la agresión: cierre de carreteras, toma del Palacio Legislativo, suspensión de pagos fiscales; toda la panoplia de la resistencia civil se pondría en práctica si se frustraba la última esperanza: que Corrales Ayala vetara la ley.

La vetó. Con el mismo tono en que cuatro días antes anunciara la presentación del proyecto de reforma, el diputado Néstor Raúl Luna, uno de los que al ausentarse rehusaron entronizar a Medina Plascencia, leyó el documento en que el gobernador formulaba observaciones a la enmienda chovinista enderezada contra Fox, que es el modo guanajuatense de vetar. Sensato por una vez, Corrales Ayala dijo que ése no

153

...era el momento más oportuno para la modificación constitucional, pues sin ser su propósito eliminar de la contienda electoral a ninguna persona, en el escenario de hoy día pareciera pretender un carácter específico para algunos de los contendientes del pasado proceso electoral.

No por eso se retiró Fox a descansar. Tomó parte activa en la conversión de Medina Plascencia de alcalde en gobernador. Ramón Martín Huerta, que sería secretario particular en el interinato, recuerda que "Vicente fue a mi casa, ubicada en ese tiempo en la calle Tepoztlán 508, de la colonia Azteca, en León... y me pidió que en los siguientes días me sentara con Carlos Medina para conformar el gabinete que le acompañaría". Desde ese momento se perfiló el papel que Martín Huerta asumiría, como secretario particular dotado de poderes relevantes, y como enlace entre el interino y el fallido gobernador: "Nunca perdí el contacto con Vicente Fox. Desayunábamos cada una o dos semanas, para intercambiar puntos de vista sobre la política del país. Él no quería meterse mucho en los asuntos del estado, pero con frecuencia me preguntaba sobre cuestiones específicas que yo le decía que veía, lo que conocía y lo que pensaba. No en todas las cosas estábamos de acuerdo, debido a que desde afuera la visión de Vicente sobre el gobierno era distinta todavía, y la nuestra ya estaba sustentada en realidades, en los problemas que íbamos encontrando y en el trato mismo con Salvador Rocha y el resto del gabinete". Fox y Martín Huerta habían tratado antes a Rocha Díaz, en la ciudad de México, entre una y otra de sus estancias como secretario de Gobierno. Pero sabrían que su buen humor y su inteligencia lo hacen un adversario difícil. De él podría decirse lo que de sí mismo predicaba José Francisco Ruiz Massieu: como amigo tengo muchos defectos, pero como enemigo soy perfecto.

El 26 de septiembre fue un día de acíbar y miel para Fox. Decidió asistir a la investidura de Medina Plascencia en Guanajuato, a la que asistiría el presidente Salinas. Tras instalarse la sesión vespertina y leída que fue el acta del 8 de septiembre en que se designó gobernador a Medina, se abrió un receso en espera del presidente y el interino. En ese lapso, a las 16:15, entró al recinto Vicente Fox. No tomaría posesión, como quiso. Pero tampoco era un invitado más. Su presencia, describió Francisco Ortiz Pinchetti, desató "un alarido, que se convertiría en estruendo de aplausos y consignas". Destinado a la cuarta fila, junto a don Luis H. Álvarez, Fox escuchó su nombre coreado por la pequeña multitud que llenaba el recinto: "Larga fue la ovación que Fox agradeció de pie antes de ocupar su asiento entre Álvarez y Ling Altamirano".

A las 4:36 entraron el presidente y Medina Plascencia, que protestó y dijo un discurso, aplaudido a veces aun por Salinas. Llegó, inevitablemente, al tema electoral: "Reconocemos —dijo— que pesan sobre nuestras espaldas las luchas de los partidos políticos y del pueblo en el muy reciente proceso electoral. Las heridas, por el bien de Guanajuato, pronto deben sanar". Y cuando anunció que su deber sería lograr unas elecciones extraordinarias "con equidad y verdad", para que al interino lo suceda un "gobernador constitucional electo", pareció que acercaba un mechero a un polvorín, pues las tres letras del apellido Fox estallaron durante largos minutos. Lo mismo ocurrió al terminar la ceremonia. Ante el grito 100 veces repetido, rodeando a Salinas, cubriéndolo, Ortiz Pinchetti vio que "el gesto del mandatario se endureció" y también que "el aludido mostraba en triunfo los pulgares de sus manos en alto".

El periodista de *Proceso* (revista de la que saldría despedido con motivo de la campaña presidencial de Fox) retrató así los minutos, las horas siguientes:

La gritería duró los 30, 40 segundos que tardó la comitiva en salir del recinto y siguió luego, durante cuatro o cinco minutos hasta que Fox, casi en vilo, abandonó la sala. Pero la manifestación siguió afuera, en el vestíbulo del auditorio. Las porras, las consignas, los abrazos.

Era la gran tarde de Vicente Fox.

Y Fox siguió ahí, durante media hora, en su propia salutación —apretaba manos, respondía a entrevistas, se fotografiaba con sus partidarios, firmaba autógrafos— mientras Salinas, Medina y Corrales Ayala recibían la salutación oficial en el adyacente centro de convenciones.

Cuando se le preguntó si acudiría a saludar al presidente, respondió sonriente: "Si quiere, que venga él a saludarme; yo estoy en mi tierra..."

Comentaría entonces que las manifestaciones en su apoyo eran evidencia de la irritación ciudadana por el fraude electoral. "Aquí —dijo— se puso un parche, pero eso no remedia lo ocurrido". Agregó: "Esto prueba que el único camino que queda son las elecciones extraordinarias. Por eso nos vamos otra vez de campaña a partir del primero de enero".

La crónica del periodista remata:

La foximanía reapareció, acrecentada, esa misma noche durante la verbena popular en la que Carlos Medina —luego de haber despedido a Salinas en el aeropuerto— presentó su gabinete y leyó de nuevo su discurso ante las ocho mil personas que colmaban la explanada de la Alhóndiga de Granaditas.

La llegada de Fox provocó un torbellino. Otra vez los coros, las porras. El ex candidato panista se ubicó entre la multitud, no en el estrado, como lo hizo también Luis H. Álvarez, dado que se trataba de un acto de gobierno del estado y no de un mitin partidario.

En contraste con los aplausos que recibieron en el auditorio durante la ceremonia oficial, las menciones de Medina al presidente Salinas y al secretario de Gobernación fueron recibidas con rotundos, generalizados rechiflas y abucheos. Otra vez, las referencias a las elecciones extraordinarias desbordaron el fervor hacia Fox, que por su altura sobresalía entre la muchedumbre.

El nuevo gobernador, también repetidamente aclamado, tomó frente al pueblo protesta ante sus principales colaboradores. Y en un acto desusado, tomó también protesta al pueblo mismo. Luego del sí protesto multitudinario, advirtió: si no, que la historia y sus hijos se los reclamen.

Medina se retiró y la fiesta siguió en torno de Vicente Fox, materialmente impedido de avanzar entre el gentío que lo vitoreaba, lo saludaba, quería tocarlo.

¡Queremos a Vicente!, fue la nueva consigna.

El día siguiente, y los demás, muchos más, sirvieron para que Fox sufriera la resaca, iniciara su travesía del desierto. Por lo pronto, en octubre consumó su divorcio y retomó en condiciones muy desfavorables su participación en los negocios familiares.

No podía, sin embargo, volver a la normalidad previa a 1988. Estaba ya involucrado en la política y su figura adquirió relevancia en Guanajuato y fuera de allí. Siguió siendo secretario de finanzas del Comité Estatal del PAN y activista, de cara a las elecciones municipales de noviembre de 1991. Y al mismo tiempo, sobre todo en el año 1992, dio en consolidar y establecer relaciones fuera de su estado. En la ciudad de México, gracias entre otros factores a los contactos de Leticia Calzada y a los que él mismo había hecho mientras fue diputado, se reunía con actores políticos ajenos al PAN, incluidos dirigentes como Cuauhtémoc Cárdenas. Su reputación fue más allá de las fronteras y le pavimentó un camino que recorrería con frecuencia y fruición. Por ejemplo, en septiembre de 1992 fue uno de los tres mexicanos invitados a un simposio sobre las relaciones norte-sur, a la luz de la globalización y el comercio internacional, organizado por las universidades de Colorado y Regis, que tuvo lugar en Boulder. Los otros participantes por México fueron Beatriz Paredes y Víctor Flores Olea. A la sazón, ella era secretaria general del PRI, luego de ser gobernadora de Tlaxcala, y él recientemente había dejado la presidencia del Consejo Nacional para la Cultura y las Artes. Ante empresarios, políticos y académicos, Fox describió el sistema mexicano, en cuyo centro se halla, dijo,

> ...un estado paternalista [que] controla el 70 por ciento de la actividad económica, monopoliza las decisiones políticas y propicia la dependencia de la sociedad, inclusive en materia de educación, salud y vivienda.

Comenzaron a trabajar en su interior dos preocupaciones. Por un lado, el momento oportuno para las elecciones extraordinarias, cuya determinación llegó a raspar la relación entre Medina Plascencia y su equipo (incluido Martín Huerta) y Fox mismo. Y por otro lado, su aspiración presidencial.

Hubiera parecido un gesto pueril que Fox, venido a menos como estaba tras su derrota en los comicios locales, y en mucho huérfano de apoyos en el nivel central de su propio partido, pensara siquiera en la posibilidad de ser candidato presidencial. Y sin embargo, ya en enero de 1992 no se recataba para expresar sus aspiraciones. Era tanto más infantil su posición, cuanto que estaba afectado por la limitación constitucional a los hijos de padres extranjeros.

158

Ya antes se había detenido en el tema. Fue parte de un grupo de diputados de Acción Nacional que elaboró una iniciativa de reforma constitucional al 82, para que su fracción I dijera simplemente que para ser presidente se requiere "ser ciudadano mexicano por nacimiento en pleno goce de sus derechos". Acaso por su relación con el PRI y el gobierno en torno a la reforma política, el PAN decidió que el proyecto no fuera presentado como obra del grupo parlamentario, sino a título personal por los legisladores que lo signaban. Así lo expresó el diputado Alfredo Manuel Arenas, quien lo leyó en la sesión del 20 de diciembre de 1990. Fox firmaba entre los promoventes, en que también figuraban panistas de relieve, como Gerardo Medina Valdez, que repetía una vez más como diputado, y otros que harían carrera, como José Natividad Jiménez, que después sería senador por Colima; César Coll Carabias, más tarde alcalde de Guadalajara; y Rodolfo Elizondo, que volvería a ser diputado, senador y candidato al gobierno de Durango, de cuya capital había sido ya presidente municipal. En el 2000, Elizondo caminó la campaña presidencial muy cerca de Fox, que lo hizo uno de los dos coordinadores de su área política, al integrar el equipo de relevo que siguió a la victoria electoral. El otro coordinador fue Santiago Creel.

Licenciado en derecho por la Universidad Nacional, Creel ejercía su profesión en el acreditado despacho Noriega y Escobedo (y enseñaba en el ITAM luego de estudiar un posgrado en la Universidad de Georgetown en Washington) y en su papel de asesor jurídico de empresas devino cercano a medios informativos como el diario *La Jornada* y las revistas *Vuelta* y *Este País*. En marzo de 1993 apareció en público como el consultor legal del comité que organizó el plebiscito ciudadano que el día de la primavera de aquel año posibilitó a los habitantes de la ciudad de México decir su primera palabra sobre el gobierno propio, del que carecían.

Un día de mayo, semanas después del plebiscito, Fox visitó a Creel en su despacho. Las cavilaciones del ex candidato a gobernador, la apertura de sus expectativas, lo habían llevado a confeccionar una estrategia de doble vía en pos de la reforma constitucional, con miras a las elecciones del año siguiente. Por un lado, debía trabajar en el círculo interno de su partido, para lo cual requería el apoyo de Fernández de Cevallos, líder de la bancada panista en San Lázaro, muy disminuida numéricamente respecto de la anterior, pero fortalecida por la necesidad de Salinas de reformar porciones medulares de la Constitución, en materia educativa, agraria, de intermediación financiera y en las relaciones con la Iglesia católica. Al mismo tiempo, Fox resolvió tocar las puertas de la sociedad civil, ganar para su causa a personas determinantes en la opinión pública. Desde entonces le parecía necesario no quedar sujeto al aparato panista, al que era ajeno y con cuyas reglas jugaba en desventaja. Por eso visitó a Creel y le planteó su propósito de eliminar el obstáculo que impedía a los mexicanos por nacimiento hijos de padres mexicanos que no lo fueran también por nacimiento aspirar a la Presidencia.

Creel examinó la cuestión y determinó que era posible explorar tres vías: un juicio de amparo, con base en la igualdad absoluta que el artículo primero constitucional confiere a todos los mexicanos (y aun a todos los seres humanos); intentar la aplicación directa (o también a través del juicio de garantías) de tratados internacionales que superaran el obstáculo; o la eliminación del obstáculo mismo a través de una reforma constitucional. Ése es el menos viable, supuso Creel y así lo dijo a quien lo consultaba. Con todo, le envió un análisis de la situación. El

28 de mayo, Fox le agradeció "con todo entusiasmo el valiosísimo material que hiciste el favor de enviarnos" y le adjuntó copia del documento, un anteproyecto de enmienda constitucional, para el que había sido útil su estudio. Al mismo tiempo, Fox le solicitó expresarse públicamente en favor de la reforma.

Creel hizo más que eso. Tomó a su cargo la campaña de apoyo público a la enmienda, junto con Leticia Calzada. Ella figuró como responsable de la publicación de una carta abierta, fechada el 16 de julio, aparecida en varios medios capitalinos, firmada por una notable variedad de personajes, entre los que había obispos, artistas, empresarios, activistas civiles, académicos, escritores, algunos de los cuales mantenían recelos y aun rencillas entre sí. En el orden alfabético en que aparecieron, eran Sergio Aguayo Quezada, Héctor Aguilar Camín, Genaro Alamilla, Bernardo Ardavín, Roger Bartra, Víctor Blanco, Jorge G. Castañeda, Santiago Creel, Néstor de Buen, Julio Faesler, Manuel Felguérez, Vicente Fox, Carlos Fuentes, Luis González y González, Enrique Krauze, Lorenzo Meyer, Carlos Monsiváis, Octavio Paz, Ruy Pérez Tamayo, Rogelio Sada, Josué Sáenz, Juan Sánchez Navarro y Ramón Xirau.

Conscientes de que la democracia solamente puede aflorar en un clima de condiciones iguales entre ciudadanos —dijeron los convocados—, conscientes de que estas condiciones corresponden a derechos superiores, característicos de pueblos libres y con el ánimo de perfeccionar nuestra democracia, deseamos expresar públicamente nuestro apoyo ciudadano a la propuesta de reforma a la fracción I del artículo 82 de la Constitución Política de los Estados Unidos Mexicanos, con el objeto de que todos los ciudadanos mexicanos por nacimiento puedan aspirar a la Presidencia de la República sin necesidad de presentar cartas de abolengo.

Aunque no era la primera vez que el tema ganaba espacio público, la novedad de la carta consistía en que el planteamiento no surgía sólo del ámbito político, partidario, directamente interesado (aunque a nadie se le ocultó que el promotor de la campaña reformadora era uno de los firmantes, el propio Fox). Once o 12 años atrás se había esbozado una iniciativa llamada "el 82 para el 82", que en beneficio del profesor Carlos Hank González (cuyo padre no había nacido en México) buscaba esa misma reforma para los comicios en que a la postre resultaría elegido Miguel de la Madrid. Pero se alzaron contra esa pretensión voces autorizadas como la de Jesús Reyes Heroles, que desde su exilio interior y no obstante ser un eventual beneficiario de la enmienda se opuso a ella, arguyendo que no era pertinente ni digno para la república reformar *ad hoc*, en beneficio de personas específicas.

En la coyuntura de 1993, auspiciada por Fox, la tentativa encontró rápidamente la oposición de Salinas. Aunque se hallaba de gira por Brasil, en Salvador de Bahía lo alcanzó la noticia del apoyo de esos intelectuales y activistas a la enmienda constitucional, y los reporteros le pidieron opinar al respecto. "Como está, está bien", dijo del artículo 82, aunque se las arregló para una ulterior salida en sentido diverso, agregando que ésa era su "opinión personal". Sin embargo, añadió, "como lo hemos hecho en los demás temas que atañen a la convivencia del país, también en este tema el Presidente de la República se mantiene atento a los consensos que se construyan en el Congreso mexicano".

El subjuntivo se convirtió en indicativo. Es decir, tales consensos se construyeron. Un mes más tarde, el 16 de agosto, se inició un periodo extraordinario de sesiones, cuya materia principal era una etapa más de la reforma política. Sin que así hubiera figurado en la convocatoria emitida por la Comisión Permanente, a última hora se incluyó en el paquete de modificaciones constitucionales la impulsada por Fox, presentada formalmente por Fernández de Cevallos. La fórmula escogida era la misma de 1990, escueta, sin complicaciones: "ser mexicano por nacimiento en pleno goce de sus derechos". Así fue dictaminada y presentada para su debate y aprobación con el gran paquete de la reforma política. Notoriamente el PAN había conseguido incorporar el tema al conjunto previamente acordado como parte de un compromiso con el gobierno. Algo ocurrió, sin embargo: o se trataba de un juego doble, o se encendió una chispa de rebeldía en la fracción priísta, especialmente la porción guanajuatense. Durante la discusión en lo general, el diputado Francisco Arroyo Vieyra, en nombre de varios priístas, propuso un nuevo texto para la fracción I: "Ser mexicano por nacimiento, en pleno goce de sus derechos, y ser hijo de padre o madre mexicanos o haber residido en el país durante 30 años". Arroyo Vieyra había sido diputado local en Guanajuato, volvería a serlo federal en la Legislatura LVII, al cabo de la cual volvería, en el 2000, al Congreso local guanajuatense donde encabeza la minoría priísta.

Su propuesta obligó, para empezar, a debatir el tema en una segunda porción del periodo extraordinario, el 2 de septiembre. Se emitió un nuevo dictamen que, a diferencia del anterior, admitió la fórmula presentada por Arroyo Vieyra, con un remozamiento sintáctico, a fin de evitar la confusión derivada de la conjunción copulativa "o", que fue precedida por punto y coma; y agregando otra conjunción copulativa, "e", de manera que la última parte de la fracción fuera aplicable alternativamente, si el ciudadano mexicano por nacimiento no es hijo de padres mexicanos. Eso no obstante, el dictamen se llenó de excusas y aclaraciones sobre el nacionalismo, añadidas a las que ya integraban el anterior. Por ejemplo, en el nuevo se argüía que

> ...el texto satisface los extremos de una apertura democrática que sincroniza nuestro orden constitucional con la realidad actual, y el necesario cuidado de que toda representación política, especialmente la que toca al Presidente de la República, esté revestida de un nacionalismo que asegure la permanencia de México en el concierto internacional y mantenga al país solidario de los valores humanos mundialmente reconocidos a todos los pueblos y a todos los hombres.

Los dos dictámenes iban acompañados por un artículo transitorio que había sido objetado por Fox. Quizá parte de la negociación sobre la reforma implicó para el gobierno decir sí, pero no decir cuándo. O establecer ese momento lo más lejano posible. Se estipuló en el proyecto referido a su entrada en vigor que eso ocurriría no de inmediato, para permitir a los afectados participar en los comicios del año siguiente, sino hasta el final de 1999, remotísimo entonces. Fox dijo que ese adminículo significaba que "triunfamos a medias", pues así como queda "es una burla y una doble injusticia". Entre broma y veras invitó a Hank González y al secretario de Comercio Jaime Serra, colocados en su misma situación, a unirse a él. En agosto estaba seguro de que el mismo impulso que conduciría a la reforma era capaz de lograr su inmediata entrada en vigor.

Pero lo desmentía. Tres semanas después, el texto de la comisión dictaminadora:

> Algunos diputados consideraron inusitado, por amplio, el plazo que debe esperarse para que empiece a regir la reforma propuesta, afirmando lo inusual de una *vacatio legis* tan prolongada, lo

cual parecería contradecir la afirmación indiscutida de que existen suficientes elementos para reformar desde ahora el precepto.

También fue manifestado el criterio de que este lapso no implica una auténtica *vacatio legis*, dado que no se ordena la derogación del precepto vigente y por lo mismo no existe una laguna que sea imperioso colmar con la inmediata entrada en vigor del nuevo precepto.

Lo que existe en realidad es la definición política de no seguir postergando hacia un futuro indefinible la responsabilidad de realizar el cambio en consulta, así como eliminar cualquier propensión a juzgarlo como un mecanismo circunstancial y artificioso para beneficiar a algunos individuos del presente o perjudicar a otros. De lo que se trata es de integrar una reforma política que salde compromisos ciertos con la democracia, uno de los cuales es sin duda el que se resuelve con esta modificación.

La discusión fue larga y zigzagueante, ya que abundó en disquisiciones y abordamiento de temas laterales. Al comenzar el debate Fernández de Cevallos presentó una nueva propuesta de redacción, que no sólo atendía los problemas de ligazón entre frases (lo que se había intentado resolver con "o" y con "e"), sino que reducía el plazo de residencia de 30 a 20 años. Ése sería el texto a la postre aprobado. Humberto Aguilar Coronado, a su vez, presentó en nombre del grupo panista una propuesta para modificar el artículo transitorio, a fin de que entrara en vigor inmediatamente. La moción de Fernández de Cevallos fue admitida a votación, la de Aguilar Coronado no lo fue. Al final, la reforma se aprobó en la Cámara por 352 votos en pro (incluyendo el del perredista Gilberto Rincón Gallardo), 47 en contra (entre ellos los de los priístas Julieta Guevara, Irma Piñeiro, María Esther Sherman, Carlos Enrique Sada y Leonel Reyes) y 14 abstenciones (las de un grupo de diputados perredistas). Cinco días después, el 8 de septiembre, el Senado la aprobó también, por 53 votos a favor, cuatro en contra y una abstención. La reforma entraría en vigor el 31 de diciembre de 1999, no inmediatamente.

El empate final —ganó la enmienda, pero perdió el momento— disgustó a Fox. Caviló durante unas semanas el curso de su acción y al cabo de la reflexión anunció su retiro de la política. Si se atiende lo dicho en sus memorias, era un segundo retiro, pues en sus apuntes asegura haberse declarado en huelga una vez que tomó posesión Carlos Medina. Si lo hizo, debe haber sido *in pectore* (cuando más en enero de 1992 se reconoció como un político "en receso"), pues su retiro anunciado sólo se produjo el 1o. de octubre de 1993, dos años después de su pretendida primera decisión. De cualquier modo, él explica ese doble retiro como si fuera uno, con mezcla de circunstancias y momentos:

"¿Por qué me retiré de la política? Antes que nada porque necesitaba ganar un sueldo y tener para comer. En 1991 ya no era diputado federal y no tenía un ingreso fijo, así que regresé a los negocios familiares." La explicación se pierde en seguida en consideraciones sobre las dificultades de los empresarios en general y las suyas en particular. Cuando reemprende la referencia a su retiro, parece estar hablando del único que explícitamente practicó, el de 1993.

El 1o. de octubre de ese año, tres semanas después de la reforma que lo dejó fuera de competencia para el año siguiente, Fox abandonó la política como un acto de "protesta moral" contra el presidente Salinas, que se extendería a todo el lapso en que el Ejecutivo "permanezca en el poder". Una nota de Guillermo Correa en *Proceso* abunda en las motivaciones que, si se refieren explícitamente a Salinas, despiden también el olor de un reproche a su partido: "Hastiado de una realidad que juzgó insoportable", según interpretación del periodista, Fox se explica:

> Porque me parece que hay más engaño y simulación que nunca. Porque en el quehacer político se ha perdido lo que para mí es la verdadera meta, irrenunciable e inmediata, de democratizar México [sic], de proveer a nuestro país del buen gobierno que tanto necesita, de cambiar y transformar a fondo la estructura de simulación y de falta de un estado de derecho. Pero, sobre todo, porque continúa sin representación, sin voz ni voto, la inmensa mayoría de los mexicanos.

Definió a Salinas "como el simulador número uno en este país". Por lo tanto, su retiro se proponía "descalificarlo moralmente". Su decisión, dijo, "es contra un sistema que tiene doble palabra". Reiteró su militancia panista y especificó que "como mi abstención en política es una actitud moral contra el salinismo, estaré listo a seguir dando batallas en cuanto él esté fuera del poder".

Fox, escribe el reportero,

> ...sentenció que el juicio de la historia será severo con el sexenio de Salinas, pues sus grandes logros son haber restituido el atroz y destructor presidencialismo por encima del derecho, la Constitución y la soberanía de la sociedad y de los ciudadanos. Y el haber recuperado la capacidad y eficacia de la maquinaria electoral priísta para continuar imponiendo gobiernos por la vía del engaño electoral. Sólo que ahora sin dejar huella. Por ello se puede decir que Salinas obstruye el camino hacia la democracia. Mi actitud es porque Salinas me ha privado de la gubernatura de Guanajuato, de participar en la campaña electoral de 1994 para la Presidencia de la República y, sobre todo, porque arbitrariamente mantiene al pueblo en el engaño.

Apartado en su rancho, como un Cincinato perdidoso, Fox se disponía a recibir el año 1994 en la quietud y soledad de su vida privada. Ni siquiera iba a sumarse a la fiesta familiar, que ocurría a unos pasos de su casa, en la de su señora madre. Recibió de pronto, ya entrada la noche, la visita de Leticia Calzada y Andrea Sáenz, dos de sus seguidoras más fieles que la mañana de ese 31 de diciembre, calculando que su compañía haría bien a Fox, partieron de la ciudad de México a San Francisco del Rincón. Su presencia, en efecto, animó a Fox, que a la medianoche salió con sus invitadas y disparó una escopeta, como se hace en las celebraciones rancheras. En otro San Cristóbal, el que en los Altos de Chiapas se honra con el nombre de fray Bartolomé de las Casas, otros disparos eran oídos también al comenzar el nuevo año: en el momento mismo en que entraba en vigor el Tratado de Libre Comercio para América del Norte, un grupo de rebeldes armados, bautizados a sí mismos como Ejército Zapatista de Liberación Nacional, declaraba la guerra al gobierno de Salinas.

El dinamismo que esa irrupción del México profundo en la modernidad salinista introdujo a la vida política del país reanimó a Fox, que poco a poco ensanchó sus horizontes, reuniéndose "con políticos de diversas corrientes de pensamiento". Recuerda que

...hasta ese momento no conocía nada ni a nadie que no estuviera relacionado con Acción Nacional, pero cuando tuve oportunidad de hacerlo, me di cuenta de la gran riqueza que puede existir bajo cualquier bandera, sea de centro o de izquierda, del PRD o del propio PRI; me encontré con raíces e intereses en común, así como con una nueva fuente de inspiración.

Lino Korrodi se ufana de que en ese tiempo era su principal contacto en la ciudad de México, donde se dedicaba a comercializar azúcar, colocándola especialmente en las embotelladoras de Coca-Cola, en cuya franquiciante había trabado amistad con Fox. Recuerda que de tanto en tanto Vicente le telefoneaba:

"Voy para allá Lino, consíguete alguien, para ver con quién comemos." Él llegaba en la mañana y se iba en la noche. Despachaba en mi changarro... Nos poníamos de acuerdo para ir a comer con los políticos, con los empresarios, platicar con ellos: Julio Scherer, Andrés Manuel López Obrador y Porfirio Muñoz Ledo, entre otros.

Es más vasta la nómina recordada por Fox: Cuauhtémoc Cárdenas, que ya se aprestaba a su segunda campaña presidencial; Fernando Gutiérrez Barrios, caído en enero de 1993 de la Secretaría de Gobernación; José Sidaoui y Tomás Ruiz, luego vicegobernador del Banco de México el primero y subsecretario de ingresos de Hacienda el segundo, "priístas tecnócratas" ambos; los perredistas Amalia García, Pablo Gómez, Jesús Ortega: "incluso íbamos a cenar juntos para platicar horas y horas". Con Octavio Paz "habré tenido unas cuatro reuniones a solas, por espacio de por lo menos media hora cada una".

Su principal punto de reunión durante 1994, sin embargo, fue el Grupo San Ángel. Preocupados porque tras el levantamiento zapatista y el asesinato de Luis Donaldo Colosio se avizoraba un ambiente electoral muy crispado, un "choque de trenes", según la fórmula de Carlos Fuentes, éste, Jorge G. Castañeda y Demetrio Sodi se dieron a la tarea de "realizar un esfuerzo de transición en México". Para promover esa posibilidad, paralelamente a la contienda electoral, convocaron a activistas civiles y dirigentes políticos como Amalia García, Francisco Cano Escalante, Enrique Krauze, Miguel Basáñez, Vicente Fox y Javier Livas. Fuentes, dice Castañeda, invitó a Enrique González Pedrero, Teodoro Césarman, Agustín Basave y Bernardo Sepúlveda; y el propio Castañeda, Lorenzo Meyer y Adolfo Aguilar Zínser "propusieron juntar en un mismo foro a muchos de sus colegas y conocidos, unos de tiempo atrás, otros más recientes. Así fue como llegaron Carlos Monsiváis, Elena Poniatowska, Joel Ortega, Carlos Heredia, Miguel Álvarez, el padre Gonzalo Ituarte, Alberto y Gabriel Székely, Tatiana Clouthier, María Emilia Farías, Elba Esther Gordillo, Raúl Padilla, Jesús Reyes Heroles, Ricardo García Sáinz y David Ibarra".

Durante las reuniones de ese grupo, reconoce Fox, "descubrí que no sólo Acción Nacional luchaba por el avance democrático en México". Más todavía, en ese tiempo parecía frágil su vinculación con su propio partido. Distanciado de Fernández de Cevallos porque de su participación en operaciones políticas en que Fox era protagonista —la solución guanajuatense en 1991 y la reforma al 82 en 1993—, Fox había salido damnificado, el ex candidato a gobernador no contaba en las filas de los seguidores de Diego, cuando fue hecho candidato presidencial. Hasta se supuso posible que Fox optara por sumarse a la campaña de Cárdenas. De hecho, pareció tenderse un puente entre los dos líderes políticos, que a la postre se enfrentarían rudamente en el 2000, cuando el PRD incluyó en su lista de candidatos a diputados, en 1994, a Leticia Calzada que continuaba estando próxima a Fox.

Éste se avenía mal a las actitudes panistas, contrarias a valorar el activismo de la sociedad civil. A menudo su libertad personal, su inclinación a mirar a su propio partido sin las inercias de la tradición causaban erupciones entre los dirigentes. Por ejemplo, habló de dar al PAN unas "vacaciones ideológicas", insinuación a la que el presidente de ese partido, Luis H. Álvarez, se opuso terminantemente. En enero de 1992 Fox dijo que a su partido "no le caerían nada mal tres años de presidencia de un tipo pragmático, de un administrador, de un cuate que organice, que planee, que le dé fortaleza financiera al partido y que se olvide de la doctrina por tres años. Tres años dentro de 50 que lleva el PAN le van a sumar mucho poder al panismo. En lo doctrinario, el PAN está fortalecido y tiene el mejor producto que hay en el país. Eso hay que balancearlo ahora con una cultura organizacional para complementar su fuerza y proyectarlo de veras para adelante".

Su reticencia hacia el PAN, su estado de ánimo desazonado devenían, en buena parte, del alargamiento del interinato, de la demora en citar a elecciones extraordinarias.

Medina Plascencia transitó pausadamente por ese camino. En agosto de 1992, luego de 11 meses en el gobierno, el interino dijo que sólo habría nuevos comicios cuando se cumplieran tres condiciones: una nueva ley, un padrón revisado al ciento por ciento y credenciales de elector con fotografía. Y que conseguir esos objetivos llevaría tiempo, hasta fines de 1993. Luego, sólo habría elecciones en 1994. Al final quedaron aplazadas hasta el año siguiente. Fox se impacientaba: "El problema no está en las instituciones ni en la legislación ni en el padrón; el problema está en las personas que han administrado esos instrumentos". Desde esa perspectiva, decía, "corregir esos vicios no se debe tomar más de dos meses", para que las elecciones ocurrieran en un plazo no mayor de diez meses: "Ya debería haberse convocado, porque se nos está haciendo tarde... Creo que todavía ahorita podría fijarse fecha para realizarla junto con las de San Luis, en marzo o abril del año próximo".

En el gobierno interino había otro sentido del tiempo. En vez de realizar elecciones en 1993, como Fox pretendía, apenas en junio de ese año se dio el primer paso para la reforma electoral de que dependían los comicios extraordinarios. El propio Medina, con su secretario particular Ramón Martín Huerta, viajaron a Costa Rica, Chile y Uruguay para comparar legislaciones y procedimientos. En su comitiva figuraba José Carlos Romero Hicks, rector de la Universidad local, que en el 2000 sucedería a Martín Huerta (es decir, a Fox en la gubernatura), y el entonces diputado local Carlos Arce (que después lo sería federal y miembro del grupo de relevo).

Luego de redactar con base en ese estudio un proyecto de nueva ley electoral, se realizó un proceso extraordinariamente lento de negociación, que llevó hasta a encuentros con la dirección nacional priísta, ya que el PRI de Guanajuato se oponía radicalmente a la reforma, sobre todo después de que Salvador Rocha Díaz salió en febrero de 1993 de la secretaría general y fue sustituido por Roberto Suárez Nieto, lo que el priísmo local interpretó como un incumplimiento de las condiciones que generaron el interinato.

Sólo hasta 1994 se consiguió el consenso del PRI, que dominaba el Congreso local, se reformó la Constitución y el nuevo Código fue aprobado el 15 de noviembre.

Dos meses antes Fox había dado por concluida su huelga política.

7. Historia del gobernador-candidato

No obstante su decisión de irse de la política activa hasta que Salinas concluyera su periodo, Fox volvió a ella para encabezar la protesta en Guanajuato contra los resultados de la elección federal de agosto de 1994. En realidad, como lo escribiría más tarde, se había dado cuenta de que su retiro "le restó un impulso importante a mi carrera" y resolvió hacerse presente de nuevo, con vistas a la elección local. Su relación con el PAN se había enfriado, entre otros motivos porque censuró a Fernández de Cevallos por aceptar la noche misma del 21 de agosto el triunfo de Zedillo. Carlos Castillo Peraza, ya presidente del partido, censuró a su vez al censurador, reprochándole el que se hubiera apartado de la política y su tardía aparición en aquella protesta:

Lo que quizá Carlos Castillo no sabía cuando hizo esa declaración —dijo Fox a Francisco Ortiz Pinchetti— es que no fue una decisión ni una iniciativa mía la de regresar a la actividad política. Fue una insistencia fuerte, seria y muy comprometida de la dirigencia estatal y de Juan Manuel Oliva, su presidente, de los candidatos estatales y sobre todo de los ciudadanos aquí en Guanajuato. Y yo sentí que había razones suficientes, políticas, morales para romper un compromiso, que para mí fue muy serio... para asumir otro compromiso: el de apoyar hombro con hombro, de juntarme, reunirse con la ciudadanía y expresar mi verdad sobre este proceso electoral. Eso fue lo que me sacó de mi huelga política.

Sin recordar esos hechos y palabras, al escribir su biografía Fox situó más tarde, en octubre de 1994, su retorno a la política. Lo atribuyó no "a la ciudadanía", sino a "una treintena de militantes del PAN", entre los que situó al empresario Ricardo Alanís (que después fue su colaborador en el gobierno estatal y es senador en la LVIII Legislatura) y a Elías Villegas y Oliva. Luego de que lo instaron a volver, según esa nueva versión, aceptó porque "siempre he tratado de ser coherente y congruente con lo que digo y hago, así que un recordatorio contundente como ese me cimbró".

Según Martín Huerta, fue aún posterior ese retorno. Sólo "cuando viene la señal de la devaluación" —es decir, en la tercera semana de diciembre—, Fox "anuncia que regresa por la gubernatura". Durante las siguientes semanas, como quiera que sea, realizó su precampaña, con miras a la convención panista que se efectuó el 5 de febrero. Aunque el propio Fox asegura que "sin ninguna pretensión de mi parte, la candidatura estaba ganada de antemano", Martín Huerta afirma en cambio que eso "no fue fácil, porque alguien que había entrado y se había retirado era visto como incongruente. Revivía un poco las heridas que, aunque leves, existían, relacionadas con la fusión del neopanismo y la ortodoxia".

Comparada con su campaña de 1991, la de 1995 fue para Fox un día de campo. No sólo había ganado en madurez y experiencia, sino que las condiciones objetivas le eran sumamente favorables. En vez de un gobierno federal fuerte y a la ofensiva como el de Salinas cuatro años antes, el naciente de Zedillo estaba a la defensiva: la devaluación de diciembre abrió el boquete por el que se desbordó una nueva crisis que fue agravándose en los meses de la gira electoral y el incremento en el IVA dotó al PAN de un contundente argumento para la persuasión. En el gobierno local, adicionalmente, no había ya adversarios y enemigos, sino compañeros y colaboradores. El mismísimo secretario particular del gobernador dedicaba los fines de semana a "auditar" la campaña, lo que en los hechos significaba que la dirigía, de nuevo, como había hecho en 1991 pero en una posición ahora muy ventajosa.

El entorno institucional que regía las elecciones, además, era por completo distinto al que estuvo vigente cuatro años atrás. El impulso propio de la reforma electoral iniciada en 1993 recibió al año siguiente el efecto que mudó la estructura electoral federal, con la designación de consejeros ciudadanos y la eliminación del voto de los representantes de los partidos. A diferencia de 1991, cuando Acción Nacional no aceptaba financiamiento gubernamental, ahora fluían recursos desde los órganos electorales federal y estatal. Por si fuera poco, y en la línea del pensamiento de Fox, sobre la importancia de las personas que manejan los instrumentos, la integración del consejo general del nuevo Instituto Electoral del Estado de Guanajuato ofreció amplias garantías de transparencia y legalidad. Instalado el 15 de enero de 1995, el consejo eligió como su presidente al ingeniero Hugo Villalobos González. Empresario en el ramo de la ferretería, egresado de la Universidad Iberoamericana, Villalobos González había presidido la Cámara de Comercio de León, la federación respectiva de Guanajuato y la Confederación de Cámaras Nacionales de Comercio.

El antagonista de Fox en 1995 era también un candidato más débil que el de 1991. Si en aquel momento o seis años atrás lo hubiera sido, Ignacio Vázquez Torres habría quizá emergido triunfador del proceso electoral. Pero el tiempo político y aun el cronológico, ya no obraban en su favor. Nacido en Sauz de Méndez, en 1939, se había licenciado en derecho en la Universidad Nacional. Antes de los 30 años, en 1967, era secretario general de la Liga Campesina y llegó por primera vez a la Cámara de Diputados (a la que pertenecería en otras dos legislaturas, así como a una más en el Senado). Con un pie en su tierra y otro en el Distrito Federal, llegó a su mayor nivel administrativo como oficial mayor de Gobernación nada menos que al lado de Jesús Reyes Heroles. Pero siempre se quedó en la orilla de la designación de candidato a gobernador. En 1991 se inconformó con el resultado en favor de Aguirre y aun llegó al extremo, si hemos de creer a Martín Huerta, de ofrecer —pero no entregar— a través de sus representantes información sobre el fraude que preparaba su ex jefe en el gobierno capitalino (donde Vázquez Torres fue delegado en Cuauhtémoc).

Además del PAN y el PRI, registraron candidaturas el PRD, en la persona de Martha Lucía (*Malú*) Micher Camarena, que luego sería diputada local (1997-2000); y el Partido del Frente Cardenista de Reconstrucción Nacional (Israel González Arreguín), el Partido del Trabajo (Salvador Arévalo Maldonado) y el Partido Verde Ecologista de México (María de Lourdes Salas Cadena).

La contienda entre Fox y Vázquez Torres se tensó en varios momentos: cuando el candidato priísta fue atacado en Uriangato, a causa de un conflicto local; y cuando el procurador de Justicia local, Antonio Obregón Padilla, denunció la presencia de autos robados entre los utilizados por la campaña priísta. Las quejas ahora surgían del priísmo. Fox, en cambio, realizaba una campaña propositiva. Esta vez encargó la redacción de la plataforma electoral a Eduardo Sojo Garza Aldape, un joven economista guana-juatense que trabajaba en el Tecnológico de Monterrey.

Allí mismo había estudiado economía y luego se posgraduó en la Universidad de Pensilvania. Después de trabajar un tiempo en el gobierno federal (Programación y Presupuesto y el INEGI), volvió al Bajío, a la sede leonesa de su alma máter. Allí dirigió el Centro de información e investigación económica, que por un convenio con el gobierno de Medina Plascencia realizó un estudio de prospectiva llamado *Guanajuato Siglo XXI*. Los responsables del análisis fueron Sojo y Carlos Flores Alcocer. Éste, salmantino nacido en 1961, ingeniero en sistemas computacionales y posdoctorado en lo mismo, comenzó en ese estudio a ganarse sus charreteras (aunque también ayudó que hubiera sido condiscípulo de Juan Pablo Fox, el hermano menor de Vicente).

Sojo es hijo de un prohombre local: el notario núm. 15. Andrés Sojo Anaya no era sólo un fedatario prestigiado, sino que dos veces fue llevado por el PRI a la Cámara de Diputados (y las dos veces coincidió allí con Ignacio Vázquez Torres).

Por amistad, en sus ratos libres Sojo Garza Aldape preparó para Cecilia Fox, en 1992, un estudio para mejorar la administración de la casa-cuna de la que ella se encargó luego de la separación de Lilian de la Concha y Vicente Fox. Cuando éste leyó el documento quiso conocer al autor. Y cuando llegó el momento de requerir sus servicios lo llamó a su campaña. Durante ella, además, conocería el documento preparado por el Tecnológico de Monterrey, porque el gobernador Medina Plascencia lo entregó a todos los candidatos para que no partieran de cero en sus diagnósticos y propuestas. Adicionalmente, por lo menos Fox tuvo acceso a la información propia del gobierno, y no se repitió ya la precaria exploración que para esos efectos practicó Leticia Calzada cuatro años antes.

Los comicios tuvieron lugar el 28 de mayo. Fueron tan correctamente encauzados por la autoridad electoral, que el tribu-

177

nal correspondiente no recibió un solo recurso de impugnación. De esa manera, Fox fue declarado triunfador, con el 58.1 por ciento de los votos. Su victoria ratificó la que probablemente había obtenido en 1991 y el nivel de los votos priístas se situó en el admitido por el PAN, unos 200 mil votos por abajo de los alegados por Aguirre.

El nivel de participación fue más elevado que cuatro años antes. En el padrón quedaron inscritos 2 167 000 electores. Se emitieron en total 1 283 716 votos, de los que correspondieron 723 337 a Fox; 409 578 (32.9 por ciento) a Vázquez Torres; 87 438 (7 por ciento) a *Malú* Micher.

Fox tomó posesión el 26 de junio de 1995. El presidente Zedillo, que asistió a la asunción de Eduardo Robledo en Chiapas a los ocho días de nacido su gobierno, se abstuvo de acudir a la de Roberto Madrazo en Tabasco el último día de 1994, y sentó así el precedente para no bendecir con su presencia la toma de posesión de los gobernadores. Pero envió representantes en cada caso, Miguel Limón en el de Guanajuato. Luego de ser menos de dos meses secretario de la Reforma Agraria, al final de enero de 1995 había sustituido en la de Educación a Fausto Alzati, guanajuatense que después de renunciar se apartaría del PRI para aparecer más tarde cercano al gobernador Fox quien, tras la victoria en la elección presidencial, lo encargaría de los asuntos energéticos en el equipo de relevo.

Cuando Fox y Limón conversaron telefónicamente para concertar la visita del segundo, recordaron haber sido brevemente compañeros en el curso de inglés al que José Luis y Vicente Fox habían acudido en su adolescencia. Ese toque personal aligeró la rigidez protocolaria de la toma de posesión y el nuevo estilo de gobernar se percibió en la cena con que Fox celebró su nuevo estatus: además de Limón estuvieron presentes los tres gobernadores panistas de entonces: Ernesto Ruffo, el pionero, de Baja California; Francisco Barrio, de Chihuahua, y Alberto Cárdenas, que recientemente había subido al cargo en Jalisco. Con ellos estuvieron Manuel Camacho Solís, que en los siguientes meses concluiría su separación del PRI; Porfirio Muñoz Ledo, el antiguo rival convertido en presidente nacional del PRD; Santiago Creel, consejero ciudadano en el IFE y en cuyo despacho se había preparado el estudio jurídico y la campaña de opinión pública para la reforma del artículo 82 constitucional.

La relación de Fox y Zedillo se iniciaba así tersamente. Al mes exacto de la nueva gubernatura, el 27 de julio, el presidente haría su primera visita al estado regido por un gobernador panista elegido. Volvería en febrero siguiente. Y no regresaría más, pues a medida que caminó en su aspiración presidencial, Fox lo tomó como blanco de sus críticas y aun cuchufletas, y le dedicó varios epítetos inolvidables, como autista o timorato; amén de considerar que el verdadero *chupacabras* era la política económica presidencial, por lo que reprobó en economía a su autor. Sólo hasta la noche del 2 de julio del 2000 se restablecería la comunicación entre ambos, que se consolidó al día siguiente, en su primer encuentro, el del presidente que llega y el que se va.

Para integrar su equipo de colaboradores ("una de las tareas más delicadas y estratégicas de un nuevo gobierno", a decir de su principal asesor en esta materia, Ramón Muñoz) el gobernador Fox acudió a varios criterios. Estudió el desempeño del gabinete de Medina, pues quiso conservar en sus lugares a algunos de sus miembros. Y promovió una consulta entre "cámaras empresariales, colegios de profesionistas, grupos sindicales (principalmente en el campo de la educación) y grupos de la sociedad civil organizada", según narra Muñoz, el consejero principalísimo del nuevo gobernador, creador del concepto de reingeniería administrativa. Incorporado también al equipo del presidente electo, Muñoz relata en *Pasión por un buen gobierno* que de la consulta resultó una lista de 400 personas, de entre las que fueron escogidos algunos de los colaboradores.

Pero contaron también criterios políticos. Fox decidió que la Secretaría de Finanzas y la Contraloría fueran asignadas a priístas (José Luis Romero Hicks y María Elena Morales Sánchez). Y fue sensible a recomendaciones: Elías Villegas, el financiero de sus campañas, recomendó como secretario de Educación a Fernando Rivera Barroso, cuya gestión sería la más polémica y conflictiva del cuatrienio de Fox. "Sí, yo fui quien lo recomendó, pero no le recomendé sólo gente afín —reconoció en entrevista con Luis Alegre, para *Reforma*—, también fui yo quien le sugirió integrar a José Luis Romero Hicks como titular de finanzas". También hubo la intención de que hubiera mujeres en el gabinete. Fueron cinco en total, Martha Sahagún entre ellas.

Nacida en Zamora, Michoacán, el 10 de abril de 1953, fue la segunda hija del matrimonio formado por la señora Ana Teresa Jiménez Vargas y el doctor Alberto Sahagún de la Parra. Hizo estudios básicos con las teresianas en su ciudad natal y el equivalente de la preparatoria en Irlanda. Tenía apenas 17 años cuando se casó con el médico veterinario Manuel Bribiesca Godoy y se establecieron en Celaya. Procrearon tres hijos: Manuel, de 28 años en el 2000; Alberto, de 24 y Fernando, de 18. La entonces señora Bribiesca estableció una farmacia para completar las tareas profesionales de su esposo. Se interesó en la representación empresarial primero y en la militancia política después: se afilió al PAN en 1988 y seis años después fue candidata a la alcaldía de Celaya y apoyó las campañas de Fox, especialmente la segunda, en que sobresalió como especialmente apta para las relaciones públicas. Fox la designó coordinadora de Comunicación Social.

Un académico experto en la historia política contemporánea de Guanajuato considera que fue "decepcionante" la integración del gabinete. De un total de 20 miembros del equipo, ocho habían pertenecido al gobierno anterior (entre ellos el secretario de Gobierno, Ramón Martín Huerta, que con el nombramiento de secretario particular había sido en realidad un secretario de Gobierno paralelo, para contrapesar el desempeño de los priístas que ostentaron el nombramiento oficial). El resto eran desconocidos, "muchos de los cuales —considera Luis Miguel Rionda— con formaciones personales que parecían no ajustarse a los requerimientos de sus puestos. Algunos académicos, inexpertos en funciones de administración pública, se estrenaron como funcionarios de primer nivel".

Fox definió ante sus colaboradores su "estilo de liderazgo", en un documento de 34 puntos que es en mucho su autorretrato. Bajo un enunciado general (el liderazgo es mucho más un arte, una convicción, una característica del corazón que un conjunto de cosas a realizar) se detallan actitudes y comportamientos que importa reproducir porque inspiran la relación del gobernador con sus colaboradores, y constituyen una suma de generalidades voluntaristas propias de los cursos de superación personal aplicadas a la administración pública.

Fox dijo a su equipo que el suyo es un

...liderazgo centrado en valores, trabajo, honestidad, verdad, confianza; abierto a la crítica; tolerante frente a la discrepancia, alentador de opiniones contrarias; con visión de futuro; desarrollador de equipos altamente cohesionados y de elevado rendimiento; convencido de que todo puede hacerse mejor; inconforme con los *status quo*; intolerante con la burocracia y la mediocridad; impulsador [*sic*] de liderazgos: que cada quien brille con su propia luz y actúe con autonomía; convencido de que la gran riqueza está en la pluralidad y en la diversidad; productivo: enfocado a hacer que las cosas sucedan; promotor del pensamiento intuitivo, lateral, creativo; partidario de hablar con franqueza, sin rodeos y sin rebuscamientos; convencido de encontrar soluciones a los problemas y no culpables de los mismos; partidario de la sabiduría no convencional; a favor de la experimentación de nuevas ideas y de nuevas formas de gobierno; sensible a las necesidades de los gobernados; a favor de la incorporación de la tecnología para responder mejor y más rápido a las demandas ciudadanas; partidario de la toma de riesgos, sensatamente valorados; poco dado a los elogios y apapachos; abierto a escuchar diferentes puntos de vista para la toma de decisiones; enfocado a gobernar, no a administrar; con profunda vocación de servicio en el ejercicio de la política; partidario del uso de símbolos; convencido de que podremos, juntos, hacer realidad la Misión y la visión del gobierno a que aspiramos; a favor de la objetividad, de los juicios fundados en hechos y datos, no de los rumores o los chismes; visualizador de oportunidades donde otros sólo ven problemas; convencido de la importancia de la percepción; enemigo de los estilos narcisistas, prepotentes y caciquiles; firme creyente de que detrás de nuestra actuación debemos dejar un legado de prosperidad y esperanza; convencido de que todo el mundo (obreros, campesinos, amas de casa, etc.) tiene algo que enseñarles y debemos aprenderles.

No todo el documento enuncia atributos del liderazgo como en el largo párrafo anterior (en el que fueron suprimidos los números de cada cláusula). Incluye también referencias a la "necesidad de fuertes controles en materias financiera y jurídica" y a la "reflexión sobre el sentido de la vestimenta: el hábito no hace al monje". Y al final propone un objetivo común: "No distanciarnos nunca de la ciudadanía (arremangarnos la camisa)".

A pesar de que, en palabras de Muñoz, el gobierno de Fox "tuvo prisa desde el primer día de trabajo y quizá desde antes", lo cierto es que demoró ocho meses en presentar su plan de trabajo para los cuatro años siguientes. Empleó el lapso anterior en establecer la reingeniería del gobierno, una suerte de reforma administrativa con otro nombre y con fuerte influencia de las técnicas de gestión de la empresa privada, especialmente la orientación hacia la calidad. En un exceso caricatural se bromeaba entre los sectores afectados diciendo que un trío es un mariachi después de la reingeniería.

Este proceso caminó con lentitud. Su autor, Ramón Muñoz, fecha en agosto de 1996, 13 meses después de asumido el gobierno, el primero de los "momentos de verdad que fueron claves en el proceso de detonación de este proceso de transformación en el gobierno". En el primer semestre de 1999, cuando fue escrito el libro que compendia esa transformación, el Congreso estudiaba apenas la iniciativa de reformas a la Ley orgánica de la administración pública para normar "todos los cambios que se han ido estableciendo en la actual administración".

En la *Memoria del quinquenio* (o cuatrienio) foxista, el gobierno se ufana del éxito de la reingeniería y su criterio básico de calidad total, es decir, de la técnica de gestión empresarial aplicada al gobierno:

Sabemos que en México la estructura de los gobiernos estuvo diseñada para otra época, otras condiciones y otros intereses, de allí que nuestra principal tarea haya sido rediseñar e instrumentar nuevas formas de organización en el ejercicio del gobierno, para que la administración pública se actualice y responda a los retos que hoy enfrentamos.

Para lograr la desburocratización, Fox creó una oficina burocrá-
tica, la Coordinación de Asesores en Desarrollo Gubernamental, a cargo del multimencionado Muñoz, quien en el 2000 se
aprestaba a trasladar al ámbito federal los criterios de su acción
en Guanajuato. Esa Coordinación debía servir "como un deto-
nador de modelos de calidad total". Esa oficina se definió a sí
misma en la *Memoria* —atención al lenguaje— como "una de-
pendencia *staff* que realiza sus funciones en forma matricial,
dando servicio de asesoría a todos los niveles jerárquicos de las
dependencias, desde el gobernador hasta los niveles operativos".

Los resultados de la gestión de Fox fueron medidos por ese
mismo equipo y a juzgar por su propia evaluación fueron exitosos,
pero también lo son si se considera que el grado de satisfacción
de los ciudadanos (o clientes, como se les llama en la reingeniería) se expresa en las urnas. Por ejemplo, en encuestas para
evaluar la rapidez, el trato, la efectividad y la satisfacción con
los servicios públicos prestados por el gobierno estatal, se pasó
de 8.42 en 1997 a 8.55 en 1998. En las elecciones legislativas de
1997 el PAN ganó los ayuntamientos de las ciudades de mayor
población o importancia, salvo la propia capital, y obtuvo la
mayoría en la Legislatura local, con 15 diputaciones contra siete del PRI (mientras que en las diputaciones federales se observó
mayor equilibrio, pues Acción Nacional obtuvo nueve y el PRI
seis), completadas en cada caso por dos y seis, por lo que en
definitiva fueron 17 para el PAN y 13 para el PRI. En las elecciones del 2000 el triunfo panista fue aún más contundente: significó ganar en 28 de los 46 municipios (mientras que el PRI quedó en 14) y arrasar en la elección legislativa, pues triunfó en los
22 distritos electorales. En esa ola fue elegido el tercer gobernador perteneciente a esa formación política, el ex rector de la
Universidad de Guanajuato, Juan Carlos Romero Hicks. Más

de un millón de personas sufragaron en su favor (1 004 603) votos contra 604 363 del (no demasiado) priísta José Ignacio Torres Landa, hijo de un gobernador popularísimo 35 años atrás. Al "efecto Fox" evidenciado en todo el país en beneficio de los candidatos panistas, se agregó notoriamente en el caso de Guanajuato la buena calificación otorgada por los ciudadanos al gobierno elegido en 1995.

Educación, cultura, ciencia y tecnología fueron áreas en que se manifestó la singularidad de las ideas foxistas. El primer renglón suscitó polémicas y un saldo negativo, no así los otros rubros. Sergio Vela, director durante los últimos nueve años del Festival Internacional Cervantino, que se realiza desde hace 28, ha sido aval del desempeño de Fox en esa materia. Aunque su opinión se restringe al Festival, es relevante porque ese conjunto de acontecimientos artísticos es la seña cultural más identificatoria de Guanajuato. Según Vela, Fox "decidió apoyar de una manera entusiasta y genuina la celebración del FIC. Nuestra colaboración fue sumamente ágil, cordial, de diálogo respetuoso". El compromiso de Fox con el festival fue "total y de pleno entendimiento de la importancia de este proyecto cultural que es completamente irrealizable sin la complicidad de distintos actores". Aunque la participación federal en el financiamiento del FIC es muy superior a la local (para la 28a. edición, este año, la Federación aportó 29.5 millones de pesos contra cinco del gobierno local) en muchos órdenes se requiere la colaboración del gobierno estatal y de la Universidad.

Esa relación no está exenta de tensiones, algunas veces provocadas por los contenidos (como ocurrió en 1998 con *La Malinche*, de Víctor Hugo Rascón Banda, cuya puesta en escena en León por el director Johan Kresnik originó el ruidoso abandono de la sala por el alcalde Jorge Carlos Obregón) y de modo más permanente por la centralización del FIC, denunciada por Fox mismo apenas comenzado su gobierno, el 20 de agosto de 1995. Para resolver ese problema el Instituto local de Cultura, a cargo de Luis Fernando Brehm, organizó un festival paralelo, también colocado bajo la advocación cervantina: se llama "Cervantes en todas partes", porque se realiza en un gran número de municipios.

En febrero de 1996, Fox creó por decreto el Consejo para Fomentar la Ciencia y Tecnología en Guanajuato (Concyteg). Como primera providencia realizó un diagnóstico de esas materias, en las 42 unidades de investigación que operan en la entidad y en que laboran unos 800 científicos, un tercio de los cuales son miembros del Sistema Nacional de Investigadores. El Consejo elaboró un plan de ciencia y tecnología para el periodo 1998-2000. "En poco tiempo —dice el doctor Octavio Paredes López, director de la unidad Irapuato del Cinvestav del IPN— el Concyteg se ha convertido en uno de los consejos más dinámicos y con mejor apoyo económico, que no suficiente, en relación con los 15 existentes en México. Grupos que ya han constituido una red presidida por el director guanajuatense", Arturo Lara López.

Por recomendación de Elías Villegas, según ha quedado dicho, Fox nombró secretario de Educación a un ingeniero químico de la UNAM con maestría en administración de empresas de la Universidad de las Américas. Según Luis Miguel Rionda, Fernando Rivera Barroso es un "fuereño editor y asesor de la conservadora Asociación Nacional de Padres de Familia". Probablemente quiso decir la Unión, pero de todos modos ese dato no figura en el currículum oficial que puede leerse en la página de internet del gobierno guanajuatense, aunque allí se habla de que ha asesorado a "asociaciones de padres de familia" y a la Confederación Nacional de Escuelas Particulares. Cualquiera que sea su experiencia, lo cierto es que sus iniciativas, nunca puestas en entredicho por Fox, mostraron un talante contrario a las tendencias dominantes en la educación nacional, incluido el abordamiento de la sexualidad en la escuela primaria.

Al contrario, Rivera Barroso editó el libro *Cómo ser padres hoy* en que se considera que "nadie mejor que la madre podrá explicar a su hija el proceso y los cambios que ésta sufre para convertirse en mujer", dejando de lado la función que a ese respecto debe cumplir la escuela. Con información obtenida quién sabe dónde, se asegura que "entre los 13 y los 16 años nuestros hijos pasan por una etapa en que es muy frecuente la masturbación. Dan las estadísticas que nueve de cada diez muchachos caen intensamente en la práctica masturbatoria que puede afectar su desarrollo". No extraña, con ese criterio al que sólo falta prevenir contra la aparición de granos o pelo en las manos por esa práctica, que se diga que "la homosexualidad no es una preferencia, sino un desajuste social que requiere ser atendido".

Dentro de la serie *Así educa Guanajuato*, laSsecretaría correspondiente incluyó el texto *Mi guía*, con un obvio criterio confesional. Ostenta un epígrafe del papa Juan Pablo II, aunque modosamente se le llama por su nombre civil, Karol Wojtyla; es un canto al autoritarismo. El eje de su argumentación es que el maestro es jefe, es decir, "el que sabe, quiere y realiza y también hace saber, querer y realizar sabiendo lo que quiere". Es "el que sabe hacerse obedecer y respetar a la vez". Y así van saltando definiciones: "Una asamblea es incapaz de mandar. Tropa sin jefe es tropel", "Cuando falta jefe manda la anarquía y la anarquía no es buena más que para destruir", "Castigar no es sólo un deber sino que, sobre todo, es a menudo un deber penoso, al que no tiene derecho a sustraerse".

Rivera Barroso enfrentó problemas con las secciones 13 y 45 del Sindicato Nacional de Trabajadores de la Educación. Intentó crear una agrupación paralela, la Asociación Sindical del Magisterio de Guanajuato, y 35 mil de los 45 mil maestros realizaron una marcha por el respeto a su dignidad y paralizaron labores en los 46 municipios. Además de ajustarse a las condiciones generales de trabajo, pidieron la renuncia del secretario, por "insensible y autoritario", sin conseguirla entonces ni después (ni nunca, pues renunció para incorporarse al equipo de relevo). En abril siguiente repitieron la protesta, ahora a las puertas del I Congreso Mundial de Educación. Hubo después un segundo (y un tercero ya cuando Fox había solicitado licencia).

Esos congresos, como la reunión del State of the World Forum presidido por Mijail Gorbachov, fueron prototípicos de una grandilocuencia escenográfica a que fue dado el gobernador. Aparte autoridades federales mexicanas (el propio secretario Limón a la cabeza) y expertos en educación, al primer Congreso asistieron el ex presidente de Polonia Lech Walesa y la Premio Nobel de la Paz Rigoberta Menchú. Aparte la presencia como ponentes de los senadores Elba Esther Gordillo y Fernando Solana, las mesas fueron coordinadas por Pablo Latapí, Gabriel Székely, Rolando Cordera, Catalina Noriega, Alfredo Jalife-Rahme y Fernando Alcalá. El evento fue patrocinado por Microsoft, Grupo Industrial Bimbo, Compac, San Luis Corporativo, Emyco, Pedro Domecq y Coca-Cola, entre otras firmas locales y nacionales. El segundo congreso tuvo lugar un año después, con *glamour* notoriamente menor. La figura relevante fue Alvin Tofler, el futurólogo, e inauguró el evento el subsecretario Olac Fuentes Molinar.

Fox fue un gobernador *sui generis*, menos sedentario que la generalidad de los titulares del Poder Ejecutivo. Aun en los dos años en que no fue explícitamente precandidato presidencial (todavía el 20 de mayo de 1996, ante periodistas, negó que quisiera ser presidente de la República), fue un gobernador viajero. Partidario de no permanecer ante el escritorio, su movimiento perpetuo fue causa y efecto de la delegación de sus funciones, por lo que se llegó a llamar "gobernadorcitos" a los miembros de su gabinete. Salió por primera vez al extranjero en octubre de 1995 y de ese viaje se derivó una de las vertientes originales de su gobierno, la promoción directa del comercio exterior, lo que hizo crecer las exportaciones de 1 570 millones de dólares en 1995 a 4 206 en 1998.

Aquel viaje, a Dallas, fue promovido por Juan Hernández, profesor de la Universidad de Texas en esa ciudad, guanajuatense de origen, amigo de los hermanos Romero Hicks. Fox fue muy bien recibido y Hernández le propuso crear oficinas de representación en el exterior. Él mismo abrió la Bodega Guanajuato en Dallas, a la que siguieron cinco oficinas comerciales en Dallas mismo, Nueva York, Chicago, Los Ángeles y Hong Kong. En los siguientes tres años Fox realizó 23 viajes al exterior (a Estados Unidos, Costa Rica, Brasil, Japón, Corea, Taiwán, Alemania, Francia, Inglaterra e Irlanda) para fines de promoción. En febrero de 1999 viajó a Cuba, en uno de sus lances más polémicos, porque se afanó en alabar aspectos de la Revolución Cubana.

Su trashumancia fue factor de rispidez frecuente con el Congreso local, donde el PRI era la fuerza dominante, aunque al final de cada episodio se suscitaron entendimientos. El primer encaramiento ocurrió en septiembre de 1995, cuando Fox adoptó una medida semejante a la que Zedillo emprendió en diciembre anterior: descabezar el Poder Judicial. Pidió la renuncia a los 14 miembros del Supremo Tribunal de Justicia, para recomponerlo. Promovió entonces la designación, como presidente, del ex ministro de la Suprema Corte de Justicia de la Nación, Miguel Ángel García Domínguez. Para asumir su nueva responsabilidad, el diligente jurista dejó apenas empezada su averiguación del crimen colectivo de Aguas Blancas, en Guerrero, para cuya investigación había sido designado fiscal especial. Lo había sido antes en otro caso célebre, el del homicidio del periodista Manuel Buendía, cuando era subprocurador del Distrito Federal.

En otros episodios de su relación con el Legislativo, Fox vio frenada una adecuación fiscal que interesaba a su proyecto educativo y, a cambio, vetó una reforma legal que estaba dirigida a frenar su campaña proselitista. En noviembre de 1997 fue derrotado su propósito de establecer un impuesto del 2 por ciento sobre nóminas, destinado a financiar el Instituto de Educación Permanente. En la fase en que los empresarios lo objetaron, sin embargo, Fox demostró ser buen perdedor. Reunido en León con la cúpula empresarial local, sus argumentos fueron uno a uno enfrentados por los dirigentes patronales. Fue especialmente sensible a la oposición manifestada por Hugo Villalobos, que había presidido con escrúpulo extraordinario el órgano electoral que fue uno de los factores que permitieron la transparencia de la victoria de Fox. Respetable y dueño de una conciencia social que no abunda en la representación empresarial, Villalobos está además emparentado con Cristóbal, uno de los hermanos del gobernador. Por todos los ángulos, pues, podía confiar en que las objeciones del líder de comerciantes estaban dictadas por la buena fe. Poco después, todas las fracciones legislativas, la del PAN incluida, rechazaron la iniciativa del gobernador.

En julio de 1998 Fox vio condensarse en una reforma legislativa la incomodidad creciente por el carácter dual de su personalidad política. Era por una parte el gobernador que se aproximaba a rendir su tercer informe de gobierno y, por otro lado, el precandidato presidencial que desde un año atrás había hecho ostensible su propósito de "echar al PRI de Los Pinos". El 5 de ese mes lanzaría su manifiesto titulado "Es hora de despertar", en que advertía: "Sólo tenemos dos años. Ganemos el futuro, juntos". Tres días antes, la oposición permanente, formada por diputados del PRI y el PRD, lograron persuadir al petista y al ecologista y reunieron los 18 votos que se impusieron a los 17 del PAN para formular un reproche legal al gobernador. Éste había remitido, el lejano 30 de agosto de 1996, una iniciativa de ley de responsabilidades que una y otra legislaturas habían congelado. Atendida de pronto por los diputados, 18 aprobaron una nueva fracción VIII del artículo 15, que prohíbe a los servidores públicos "recibir o solicitar cualquier tipo de recursos económicos o materiales, o beneficiarse de ellos con fines de promoción política, hecha excepción de los autorizados expresamente en las formas, montos y términos que rigen las leyes electorales".

El 17 de julio el gobernador vetó la ley, es decir, le formuló observaciones, consistentes en descubrir lo obvio: que la nueva norma tenía dedicatoria específica y "no cumple con las características de generalidad, abstracción e impersonalidad requeridas". Así se desarrollaba la relación con los diputados priístas, y con el PRI en general, en un constante toma y daca, con frecuencia marcado por despropósitos nacidos de la irreflexión.

En febrero anterior, de 1998, por ejemplo, el gobernador había tronado contra el PRI. Sin considerar que dos de sus colaboradores del más alto nivel y otros participantes en su gobierno resultaban lastimados, un día en la ciudad de México diagnosticó que el PRI estaba "en su última agonía (*sic*), inerte, tirado en el suelo; sólo hay que darle un pisotón o escupirlo". Esa entrevista para la agencia Reuters fue célebre por muchos exabruptos verbales. Dijo que el subcomandante zapatista Marcos "es un cabrón" que tiene "el dedo en el gatillo", no obstante lo cual él resolvería el conflicto de Chiapas "en 15 minutos". También fue entonces cuando definió los tres rasgos que lo hacían elegible por encima de sus contendientes: "Soy honesto, trabajo un chingo y no soy tan pendejo".

El diario AM de León presentó esa entrevista a ocho columnas, con el titular "Insulta Fox al PRI". Ese mismo día, Miguel Montes se dirigió al procurador Felipe Arturo Camarena para decirle que esas declaraciones de Fox "me impiden continuar participando en la Comisión Externa de Consulta" de la Procuraduría. "No es posible aceptar —razonó—, sin lesión de la dignidad personal, ni siquiera tácitamente, las violentas expresiones que el gobernador produjo."

Diputado local cuando era muy joven, diputado federal dos veces (una de las cuales en la Legislatura en que Fox debutó en la política), procurador de Justicia del Distrito Federal, ministro de la Suprema Corte, fiscal especial para investigar el asesinato de Luis Donaldo Colosio y frustrado precandidato a la gubernatura en 1991, Montes se había marginado de la política y dedicado al ejercicio privado de su profesión. El 27 de mayo de 1997 había recibido invitación del procurador Camarena para ser miembro activo de aquella comisión, un puesto honorario en cuyo ejercicio, dijo Montes entonces, su "modesta experiencia de funcionario público y de abogado podría serle útil a Guanajuato". Pero la desaprensión del gobernador lo forzó a interrumpir esa aportación.

Fox decidió finalmente renunciar a la gubernatura simultáneamente con la presentación de su cuarto informe de gobierno. El Congreso le hizo pagar las que le debía rehusándose a acatar los tiempos escogidos por el gobernador. Demoró tres días en aceptar su petición de licencia definitiva. Presentada el 6 de agosto de 1999, sólo fue acordada el 9, y no sin incidentes.

Tampoco fue sencilla la designación de quien reemplazaría a Fox. Valiéndose de la eventual división en las filas panistas, porque aspiraban a suceder al gobernador que se iba su secretario de Gobierno, Martín Huerta, y el coordinador de Comercio Exterior (más tarde senador) Ricardo Alanís, los priístas quisieron llevar adelante a su líder legislativo, José Aben Amar González Herrera, de triste memoria por su papel a la cabeza de la comisión electoral en 1991. Al final, también para sacar provecho de la confusión, la fracción priísta votó en favor de José Luis Romero Hicks, correligionario suyo y miembro del gabinete de Fox. Finalmente fue elegido Martín Huerta por 19 votos a favor, nueve en contra y cuatro abstenciones.

8. Echar al PRI de Los Pinos

La gana, la ilusión, el propósito de ser presidente de la República se anidó en el alma de Vicente Fox en un momento indeterminado, quizá durante su ocio político, hacia 1992 o 1993. En este año comenzó a manifestarse abiertamente. Fue entonces cuando acudió en consulta con Santiago Creel y de ella derivó el estudio y la campaña para la reforma del artículo 82. Para entonces era ya explícito su objetivo y la última parte de su retiro político nació precisamente de la frustración de alcanzarlo de inmediato.

De esa manera, la fijación presidencial dejó paso a un propósito más a la mano, la gubernatura. Y ya obtenida y comenzado su ejercicio, Fox negó (todavía el 20 de mayo de 1996) que tuviera intención de recorrer el camino que lleva a Los Pinos. No sabemos si fue un acto de discreción o de distracción, el hecho es que sólo hasta el año siguiente hizo público que había mudado de parecer. Pero tan extendida estaba la impresión desde aquel entonces sobre su condición de presidenciable, que una semana atrás, en ese mismo mayo mientras estaba en Nueva York, se le preguntó qué haría con Pemex en caso de ser presidente. Y respondió del modo confuso o equívoco sobre el que tanto se bordó y que en el fondo no importa. Lo relevante es que sus oyentes en The Americas Society estimaban posible que Fox radicara en la casa presidencial.

Juan Hernández conectó en abril de 1997 a Univisión para que entrevistara al gobernador, teniendo en cuenta su activismo entre los guanajuatenses residentes en Estados Unidos, donde difunde aquella cadena de televisión. Fue inevitable que se le preguntara por sus intenciones presidenciales y después de algún titubeo, Fox las admitió. "¡Sí, sí quiero y voy a ser presidente de México!" Luego explicaría a Hernández, quien sería su secretario particular y coordinó su agenda durante la campaña del 2000: "Ya llevo 15 días pensándolo, llevo mucho tiempo queriendo decirlo y ya lo dije".

Esperó, sin embargo, hasta el 6 de julio siguiente para hacer su anuncio formal. Tras votar en el ejido San Cristóbal en las elecciones (federales y locales), anunció el comienzo de su búsqueda presidencial. Faltaban exactamente tres años para los comicios en que tendría derecho a participar. Más tarde explicaría las razones de su anticipación:

El criterio de que la sucesión presidencial arranca siempre al término de la elección intermedia, dura tres años y se basa en los movimientos que hacen el presidente y los secretarios de Estado para perfilarse como posibles candidatos, nos ha llevado a sucesiones presidenciales muy violentas. Esto es justamente lo que quise evitar. Decidí adelantarme para colocar el proceso electoral a la luz pública y evitar sucesiones presidenciales tan dolorosas como en la que murió Luis Donaldo Colosio. Planteé, de igual modo, sacar de sus madrigueras a los Madrazos y Bartletts que vivían agazapados en las sombras.

Aunque no lo dijera, seguramente el triunfo anunciado de Cuauhtémoc Cárdenas en la ciudad de México movió también a Fox a dar el primer paso formal. Luego de su sobresaliente desempeño en 1988, en que su mayor dificultad estribó en probar el fraude de Salinas, quedó una impresión generalizada de que Cárdenas había vencido. Y aunque no tuvo el mismo curso su segunda candidatura en 1994, el notable repunte de su popularidad durante la campaña por el gobierno del Distrito Federal lo convirtió casi de modo automático, inevitable, en aspirante presidencial una vez más. Cárdenas tendría para sí un espacio público que desde sólo la gubernatura de Guanajuato Fox no estaba en situación de igualar. Por eso anunció su pretensión tan tempranamente, aunque la matizó puntualizando que de modo práctico su búsqueda comenzaría en enero siguiente.

Dos meses atrás, en mayo de 1997, Jorge G. Castañeda, que se acercó a Fox en aproximaciones sucesivas, había planteado la doble tarea que en ese prolongado lapso debía realizar el gobernador de Guanajuato:

> Partidario de una coalición opositora y escéptico frente a las virtudes del gradualismo panista oficial, Fox sólo será un candidato viable si obtiene apoyos que se extiendan más allá del ámbito tradicional del PAN, pero sólo será candidato si puede desplazar al sector identificado con Castillo (y tal vez también con Fernández de Cevallos).

La derrota de Carlos Castillo Peraza mejoró la situación de Fox en su partido. Entre el PAN y su singular militante había una relación difícil. Durante su campaña de 1995, Fox descubrió cuán cierta era la advertencia que un panista veterano, Javier Pérez, le hiciera tiempo atrás: "Estás por tu cuenta; no esperes nada ni del PAN local ni del nacional, arráncate con lo tuyo".

Presidente del comité nacional, Castillo Peraza "asistió a un solo acto de campaña y, al cierre de la misma, ni nosotros lo llamamos ni él se ofreció a venir, pues cada quien tenía sus propias responsabilidades".

En agosto de 1995 se produjo un diferendo explícito entre Fox y el comité encabezado por Castillo Peraza. Aunque con dificultades, los partidos y el gobierno conversaban para concretar el acuerdo por la democracia que Zedillo había propuesto en enero anterior. El PRD se alejó de la mesa después de que se frustró la operación que privaría a Roberto Madrazo de la gubernatura que había mal habido en Tabasco. Y el PAN hizo lo propio cuando no prosperó su resistencia a la elección de Víctor Cervera Pacheco, que ganó la gubernatura de Yucatán (que ya había ejercido como interino durante cuatro años) el mismo día en que Fox alcanzó la suya. Instalado como gobernador y para ampliar su presencia nacional, Fox instó a su partido a volver a la mesa de negociaciones; el Comité Nacional desestimó su solicitud. Es probable que Fox haya sido influido para adoptar esa razonable posición por Santiago Creel, a la sazón consejero ciudadano y uno de los promotores (con José Agustín Ortiz Pinchetti, su compañero en el IFE) de conversaciones en privado entre los partidos, renuentes a reunirse de manera oficial, lo que retrasaba los consensos necesarios (y los demoró hasta el segundo semestre de 1996) para la reforma electoral que Zedillo llamaría "definitiva".

En general, según la apreciación de Martín Huerta,

...a nivel nacional no fue muy exitosa la relación de Vicente con el partido. Él entró en la etapa en que se iniciaba la incursión del sector empresarial al PAN, denominado neopanismo. Era la época en que para tener influencia se debía pertenecer a la élite del partido, a través del Consejo Nacional o del Comité Ejecutivo Nacional, y era muy difícil llegar a esos espacios. Fox estuvo por un corto tiempo en el CEN pero fue consejero por lo menos un par de periodos. Tuvo una buena relación còn muchos, aun siendo ortodoxos, doctrinarios y fundadores. Tenía siempre la facilidad para la buena relación. Sin embargo, cuando se hablaba de debate las expresiones francas y frontales de Vicente no permitían que consiguiera fácilmente los adeptos requeridos para alcanzar los acuerdos encaminados a acelerar el paso, a avanzar más rápido.

Fox no estaba incluido en las corrientes dominantes en el PAN. En febrero de 1996, por ejemplo, cuando fue elegido Felipe Calderón para sustituir a Castillo Peraza, él apoyó a Rodolfo Elizondo y no pudo influir sobre su paisano Alfredo Ling Altamirano, candidato también al liderazgo, para que se uniera al diputado duranguense con el que Fox había entablado amistad desde que fueron compañeros en San Lázaro.

Fox tuvo que tomar, en ese contexto, una vereda lateral para sus movimientos iniciales. Ése fue el papel de la asociación civil Amigos de Fox, cuya acta de nacimiento está fechada en febrero de 1998. El 18 de ese mismo mes, por otro lado, se confeccionó el primer esquema de creación de imagen, que se desarrollaría con gran éxito al paso de los años. Se recomienda allí que alterne su vestimenta: usar corbata cuando viaje al Distrito Federal, pero en el resto del tiempo vestir camisa azul arremangada, cinturón con su apellido en la hebilla y botas, así como conservar su lenguaje coloquial. Y se le aconsejaba cuidar dos frentes, en términos tales que se fueron acatando escrupulosamente. Por una parte, respecto del PAN, "deberá haber un sabio y sano acercamiento al partido y sus personalidades, y el candidato deberá enarbolar las banderas de la doctrina social del PAN, y aunque el binomio partido-candidato se necesite mutuamente, debe siempre estar bien claro que Fox nunca se irá por la libre, sin el apoyo del partido". Y, por otro lado, "Fox deberá arrebatarle a la izquierda algunas de las banderas sociales, de reivindicaciones y justicia que se han adjudicado en el pasado sin nadie que se las reclame (asuntos: Chiapas, 2 de octubre, etc.)".

Ese plan denominado *Millenium* y Amigos de Fox surgieron de la cabeza de José Luis González, aunque después de su retiro de la campaña, Fox mismo se ha mostrado renuente a atribuirle esa paternidad y lo ha presentado meramente como encargado de "la dirección y planeación de mercadotecnia". Lo fue, en efecto, hasta mediados de abril de 1999, pero también ideó el método de reclutamiento y cotización que generó un ejército de dimensiones mucho más vastas que el PAN mismo. Cercano a Fox desde muchacho, cuando coincidieron trabajando en Coca-Cola, González reemplazó en sus cargos a Fox y, como él, siendo director se retiró para dedicarse a los negocios propios. Dejó tras de sí una estela de creatividad: suya es la idea de considerar al público del futbol como "el jugador número 12". Tuvo también gran éxito en sus iniciativas propias, lo que le dio holgura económica para ayudar a su compadre en las elecciones locales de 1991 y 1995 y para estar cerca de él desde los primeros momentos de su nueva etapa.

Ofreciendo un domicilio en internet, Amigos de Fox creció rápidamente. Cuando el candidato presidencial escribió su libro autobiográfico (comienzos del segundo semestre de 1999) informó que la asociación contaba con 300 mil miembros y se esperaba que llegara al millón. Aquel cálculo resultó en exceso conservador, pues al concluir la campaña, su coordinador José Luis Fernández se ufanó de que cinco millones 480 mil personas se habían inscrito y aportado recursos, lo que generó un problema de fiscalización del gasto. Y de verosimilitud, por lo menos frente al PRI, que hizo notar la velocidad excesiva con que decía crecer la asociación. De ser verdad, como se leía en su página en la red, que del 11 de abril al 16 de mayo del 2000 pasó de tres a cuatro millones de miembros, según el cálculo del diputado Rafael Oceguera se hubiera requerido que cada segundo, durante las 24 horas del día, se afiliaran 23 ciudadanos.

Creada a partir de un fichero informal reunido a través de tarjetas de visita entregadas a Fox por sus simpatizantes dondequiera que iba, la asociación llegó a sumar 262 locales en todo el país, algunos de los cuales siguieron funcionando después del 28 de junio del 2000, fecha de su dilución formal. Un mes más tarde, sin embargo, en la red se informaba lo contrario: que Amigos de Fox no desaparecerá. Sobre la premisa de que "el triunfo electoral sólo fue el principio", Felipe Huicochea, coordinador nacional de internet de la asociación, anunciaba el 25 de julio que ella "tiene vida propia y mientras haya ciudadanos y ciudadanas comprometidos con México y dispuestos a aportar su talento, conocimientos y recursos, habrá Amigos de Fox, Amigos de México".

González se apartó del equipo de Fox (aunque acudió el 2 de julio al domicilio del PAN a compartir un triunfo que contribuyó a fabricar) por una opción del candidato panista en favor de su vocera, Martha Sahagún. González propuso, cuando en el equipo de Labastida se responsabilizó a Emilio Gamboa de la comunicación política, dar espacio a una figura semejante, comparable a la del ex secretario de Estado, más allá de las labores cotidianas de comunicación cubiertas por la antigua directora en Guanajuato. Fox habría preguntado con tranquilidad si González estaba sugiriendo que Martha saliera del equipo, y aunque su compadre no dio un contundente sí como respuesta, el candidato se le anticipó dictaminador: "Antes te vas tú".

Y así ocurrió. González fue discreto en relación con su salida, pero pudo explicar a personas cercanas que Fox había dejado de escucharlo y prefirió conservar la vieja y buena amistad. Como señal de que no había ruptura con el equipo, terminó la campaña asesorando a Santiago Creel y quizá no fue ajeno al repunte final del candidato en el Distrito Federal.

La movilización de Amigos de Fox sostuvo financiera y políticamente al precandidato en 1998 y 1999. Al comenzar este último año ya había reunido por lo menos 16 millones de pesos. La imaginación para recaudar fondos se alimentó del estilo norteamericano pero hizo también aportaciones originales. Así, a las reuniones de paga —comidas, cenas, conferencias— y a las aportaciones directas (a la cuenta Bancomer Plaza 001 1359922-0) se agregaron otras en especie (por ejemplo, cubriendo directamente a televisoras o estaciones de radio el costo de emisiones o anuncios). Hubo quien, en el sureste, pagó 15 mil pesos cada mes a cada uno de cinco promotores, encargados de difundir la candidatura a través de sus relaciones con los medios.

Se emitió también una tarjeta de descuento del Club Amigos de Fox. Con ella se obtenían rebajas de 15 por ciento en compras de contado en un número creciente de establecimientos afiliados. El 50 por ciento del costo de cada tarjeta se destinaba a financiar el funcionamiento de Amigos de Fox, y el restante 50 por ciento se distribuía entre los colaboradores, la papelería y la publicidad "para los Amigos empresarios afiliados, así como los impuestos que se generarán. Como siempre, todo está perfectamente estructurado y de manera muy transparente y auditable".

Esta última expresión está tomada de la página de internet de esa dinámica asociación civil, cuyo domicilio era www.amigos defox.org.mx. La red fue un instrumento básico para esta fase de la movilización, aunque también se empleaban otros mecanismos y la comunicación directa. Se crearon células de ciudadanos por cada sección electoral, agrupadas por municipios en cada estado, que a su vez integraban cada una de las nueve regiones en que se dividió el país para estos efectos. Inscribirse en Amigos de Fox era muy fácil. Su propaganda decía que bastaba "creer que México será un país exitoso con Fox presidente. Registrarse en la base de datos de Amigos en su localidad. Y aportar tiempo y recursos de acuerdo con sus posibilidades".

Por fin, el 1o. de julio de 1999 fue publicada la convocatoria para elegir candidato a la Presidencia. Terminaría así el tenso periodo en que Amigos y el PAN mantenían una relación ambigua, signada por la desconfianza panista y la sensación de que estaba creándose una estructura paralela capaz de avasallar al partido. En mayo, por ejemplo, Diego Fernández de Cevallos expresaba su reticencia: "Creo que, su esfuerzo (el de Fox) es muy laudable, muy respetable, pero que es necesario acotarlo para no dañar la institucionalidad del partido". Esa institucionalidad estaba en trance de transformación.

La elección de candidato presidencial había sido sencilla en Acción Nacional, salvo en 1946 y 30 años más tarde. En aquel primer momento, le fue ofrecida la candidatura a don Luis Cabrera, uno de los primeros en percibir la diferencia entre "la Revolución de antes" —en que él había participado, con Madero y con Carranza— y "la de ahora". No habiéndola aceptado el ex secretario de Hacienda, Acción Nacional se reservó hacer su primera postulación presidencial hasta 1952, en que sin problema eligió candidato a uno de los dos fundadores eminentes, don Efraín González Luna. El rigor estatutario para seleccionar candidato se añadió a motivos más profundos de crisis en el partido, y originó que en 1976 (y todavía en una convención extraordinaria a comienzos del año siguiente) el PAN no pudiera elegir candidato, porque ninguno de los aspirantes a serlo alcanzó la muy elevada cota —80 por ciento— que se exigía para asegurar la unidad del partido. Luego se aflojaron los requisitos hasta necesitarse sólo la mayoría simple, pero la selección de candidato siguió haciéndose en una convención de delegados. Ya no fue así en 1999. En noviembre del año anterior el PAN estableció la elección de su candidato presidencial mediante el voto universal y directo de sus afiliados.

Fox estrenaría el procedimiento. El 1o. de julio se fijó el 12 de septiembre para seleccionar candidato. Fox registró su candidatura el 12 de julio, y llegó el 20, fecha final para la inscripción, sin que nadie más lo hiciera, como era absolutamente previsible. Fox se presentó en el domicilio del PAN acompañado de cientos de sus partidarios (se requerían las firmas de entre 800 y mil para el registro), pero antes había reunido a miles, en un mitin a las afueras de la Ciudad de los Deportes en la colonia Nápoles de la capital federal.

Durante 73 días concentró su esfuerzo en persuadir a los miembros del PAN no para votar por su candidatura, puesto que no había otra, sino para hacerlos acudir a las urnas. No tuvo demasiado éxito, de un lado porque una contienda sin contendientes aminora su propio interés, y de otra parte por la falta de costumbre panista para elegir de ese modo a sus candidatos, lo que tendrían derecho a hacer no sólo los miembros en activo (los probados y apostólicos) sino también los adherentes, que con sólo una antigüedad de seis meses ganaban esa posibilidad.

De hecho, fue una votación muy deslucida, que contrastó con el fervor propiamente foxista de dos meses atrás. El padrón mismo del PAN era (y es) poco entusiasmante: lo integraban 358 mil miembros. Se instalaron 897 casillas y acudieron a votar menos de la mitad de los afiliados. La magrez del acto, no obstante ser tan comprensible por los motivos anotados, constituyó un factor en las decisiones que el PAN tomaría más adelante respecto de una alianza opositora.

En paralelo con el proceso interno panista, Fox encaró dos decisiones. La primera consistió en el modo en que presentaría su cuarto informe, y en la forma y el tiempo de su retiro de Guanajuato. Al enviar su documento postrero el 1o. de agosto, y no obstante que eludió exponerse directamente a la crítica de la oposición, ésta le exigió que de una vez por todas se marchara. Comenzó a hacerlo el 5 de agosto, cuando solicitó licencia definitiva por causas de fuerza mayor, cuya aprobación le fue regateada por la Legislatura, que también le retaceó la designación de Martín Huerta, su secretario de Gobierno, como sucesor. Pero todo se anduvo y esa parte de la jornada quedó concluida el 9 de agosto.

Fox quedó entonces en plena libertad para buscar la Presidencia. Una de las pistas por las que caminó en ese sentido fue la tentativa aliancista en que él mismo y su partido participaron durante julio, agosto y septiembre. El esfuerzo progresó con cierta rapidez mientras se concretó a la elaboración de un programa común, pues había claridad en las zonas de convergencia, y se convino en no buscar propuestas únicas en los temas de marcada diferencia, sobre todo entre Acción Nacional y el PRD. En la búsqueda de condiciones para una coalición participaron esos dos partidos, más el del Trabajo y con reticencias el Verde. Se sumaron también la mayoría de los que lo habían obtenido bajo condición el 1o. de julio: Centro Democrático, Convergencia por la Democracia, Alianza Social y Sociedad Nacionalista (y sólo quedaron fuera el PARM y Democracia Social).

La mayor dificultad se presentó en torno del método que resolviera cuál candidato, de los dos —Fox y Cárdenas— en que realmente se dirimiría la cuestión, sería propuesto por ese frente opositor. Se partía de la base que ninguno declinaría espontáneamente. Se entendía también que no era legítimo solicitarlo porque cada uno había propiciado durante largo tiempo su propia circunstancia, y en torno suyo se manifestaba el asentimiento de multitudes que, de no mediar una fórmula convenida y objetiva, rehusarían trasladar su voto a un punto lejano de sus propias convicciones.

Los partidos primero, y luego un grupo de personas a las que los partidos trasladaron el asunto, estudiaban dos formas de concretar una voluntad mayoritaria que imperaba claramente en la sociedad, según lo medían las encuestas, la de que la oposición presentara un candidato único. Se trataba de escoger entre sondeos, o una elección primaria. Dado que Fox aparecía en lugar eminente en las encuestas de preferencias electorales, esa opción lo favorecería automáticamente y era por lo mismo rechazada en el PRD. En este partido, y en otros ambientes donde se conocía el uso de ese método en otros países, se prefería el de las urnas como el más seguro y admisible (puesto que se sabía que las encuestas pueden ser afectadas por sesgos técnicos y de enfoque). Las primarias, a su vez, requerían un vasto esfuerzo de organización y confianza entre los participantes. Y también de los participantes en ellos mismos: una consulta interna en el PAN a 15 comités estatales (en el resto de las entidades había delegaciones, con menor estructura aún) dejó en claro que sólo dos podrían participar en un ejercicio de esa naturaleza. Por su parte, el PRD que propiciaba ese método, arrastraba el lastre de su accidentada elección interna de marzo, que debió ser anulada. Y la que en su lugar se realizó en julio, aunque notoriamente salvó los problemas aducidos en la primera, no estuvo exenta de impugnaciones.

En lo que llegó a parecer un caso de doble lenguaje delibera-do, mientras Fox manifestaba un vehemente entusiasmo aliancis-ta, el Comité Nacional de su partido ejercía una prudencia casi medrosa. El 30 de julio, sin embargo, dos días después de que Cárdenas llamara a una coalición "por la democracia, la soberanía y la ley", el PAN se sumó a la gran tendencia social destinada a crear "una gran alianza nacional de los partidos de oposición para contender en las elecciones del año 2000 tanto a la Presidencia de la República como al Congreso de la Unión, dentro del marco de una plataforma común que sea el instru-mento para llevar a término la transición democrática".

Frecuentes y arduas reuniones cuya fuerza motriz recayó en Manuel Camacho, realizadas en el despacho de Diego Fernández de Cevallos, en Lomas Virreyes, suscitaron amplias expectativas. Éstas se agrandaron cuando sesionó allí la comi-sión de búsqueda del método, cuyos miembros tuvieron la con-fianza de todos los partidos participantes. Cuando ese Conse-jo comenzó a sesionar en pleno, a comienzos de septiembre, quedaban sólo tres meses para registrar la coalición (pues el plazo legal vencía el 10 de diciembre), de suerte que a las difi-cultades técnicas y políticas de su encargo se agregó la pre-sión del tiempo. Sus 14 integrantes convinieron en adoptar sus acuerdos por consenso, pero pasaron a la mayoría cuando per-cibieron que en la circunstancia en que actuaban la exigencia consensual otorgaba a cada uno de sus miembros un indesea-ble derecho de veto.

De ese modo, una mayoría de 11 miembros concluyó el 17 de septiembre una propuesta que combinaba, y no sólo super-ponía, los dos mecanismos juzgados viables para elegir al can-didato presidencial de la alianza. Se buscó que los instrumentos propuestos para la consulta se alimentaran y reforzaran recíprocamente, y que aseguraran una amplia exploración de la opinión ciudadana y al mismo tiempo ofrecieran sin exclusión original alguna, la oportunidad de manifestar su voluntad. Se propuso una jornada de recepción del voto y cuatro encuestas, tres previas a esa jornada y una a la salida de las urnas. Las encuestas servirían no sólo para conocer las preferencias electorales sino también para controlar la calidad del proceso, para lo cual se aplicarían en los universos donde a su vez se ejercería el voto ante las mesas electorales.

El consejo, presidido por Hugo Villalobos, que había encabezado el Instituto Electoral de Guanajuato durante dos procesos electorales (en uno de los cuales había triunfado Fox), y que se asumió a sí mismo sólo como fedatario, pues el acatamiento del resultado implicaba la voluntad de los partidos, entregó el mismo 17 de septiembre a los mandantes que lo habían nombrado la propuesta requerida. Seis de los ocho partidos la aprobaron al día siguiente. Acción Nacional la rechazó, arguyendo que incluía una elección primaria a la que se opuso siempre, y alegando que por eso la propuesta era sesgada y favorable al PRD. De cualquier modo, planteó dudas y preguntas a las que el Consejo respondió. Del intercambio de información concluyó el PAN que era preciso hacer a la propuesta rectificaciones de fondo y forma. Admitirlas implicaba desestimar, en beneficio de uno, la aprobación de seis partidos, y recomenzar con ellos una negociación para la que ya no había tiempo. El Consejo dio por concluida su tarea el martes 28, en una nueva sesión con dirigentes panistas, que se enfermó de violencia verbal y de acres incriminaciones, de Fernández de Cevallos por un lado, y de José Agustín Ortiz Pinchetti y Jaime González Graff —miembros del consejo— por el otro. Fue evidente que el Consejo falló, pues no dio con una fórmula admisible para todos. Pero no ofendió a nadie y a nadie pretendió engañar. Y si fue agraviado, lo pasó por alto, pues su misión no era antagonizar con alguien.

En una reacción notoriamente desproporcionada, Acción Nacional dio por concluido el esfuerzo en pos de la Alianza por México, que ya hasta había sido bautizada. En otra circunstancia, habría declarado que fallido el empeño del Consejo por encontrar la fórmula de elección de candidato que era necesaria, había que ensayar otro método. Pero hizo equivalente la frustración de un intento metodológico con el fracaso del propósito político.

El desenlace fue uno más de los episodios en que las miras de Fox y las del PAN diferían. Un eminente miembro del Consejo había calculado antes de que se diluyera esa posibilidad que el PAN impediría la alianza, deseada y necesitada en cambio por Fox. Hasta trazó una metáfora beisbolera: al imponer sus ritmos y su candidatura, Fox se habría robado la segunda base. El equipo rival (el tradicionalismo del aparato panista) impediría que llegara a la tercera base, o lo pondría *out,* para hacerle sentir que debe contar con ese aparato. Fox se avino sin discusión a la postura adoptada por Acción Nacional. Y no se construyó la gran coalición.

Hubo dos, de menor tamaño. Conservó el nombre del experimento fallido la más numerosa, que a la postre presentó la candidatura de Cárdenas. Desalentado por la ruptura del esfuerzo mayor, Manuel Camacho se ausentó de todo otro y caminó solo hacia su propia postulación presidencial, de suerte que la Alianza por México quedó formada por el PRD, el PT y los tres partidos nuevos adheridos desde el comienzo. El PAN se propuso no ir solo y pagó un elevado precio por la compañía del Partido Verde, al que cedió candidaturas al Senado, la Cámara de Diputados, a la Asamblea Legislativa del DF y a las jefaturas delegacionales en proporción mucho mayor que su presumible aportación electoral.

Ninguno de los partidos que se sumaron al PRD y a Acción Nacional objetaron las candidaturas de Cárdenas y Fox. En diciembre cada coalición presentó su convenio ante el Instituto Federal Electoral y en enero siguiente fueron registrados sus candidatos presidenciales. El PRI había resuelto su candidatura en una competencia interna de que salió avante, el 7 de noviembre, Francisco Labastida. Porfirio Muñoz Ledo, a su vez, había rehusado contender con Cárdenas en una interna perredista (a diferencia de como lo había hecho en 1997 para la jefatura del gobierno capitalino) y había ruidosamente renunciado al partido que contribuyó a fundar y que encabezó. Durante un semestre fue candidato del Partido Auténtico de la Revolución Mexicana con el que a la postre reñiría rudamente y terminaría convergiendo en el apoyo a Fox. Camacho, como se ha dicho, se convirtió en candidato de su partido, y un paso semejante dio Gilberto Rincón Gallardo, postulado por Democracia Social.

Aunque Fox caminó en pos de la Presidencia por lo menos tres años antes del 2 de julio, la legislación establece que la campaña propiamente hablando arranque a partir del registro de la candidatura, en enero. La de Fox estaba a punto de comenzar cuando, muy a su estilo, la anticipó una semana con una impugnación desinformada y áspera contra el Tribunal Electoral del Poder Judicial de la Federación. En el último mes de 1999, el día 17 de diciembre en que entraba en vigor la reforma que le permitió aspirar al Poder Ejecutivo, el consejo general del Instituto Federal Electoral aprobó el emblema de la coalición Alianza por el Cambio, en que figuraba la foto de un Fox victorioso, con la mano en alto. Pero el 9 de enero del 2000, en respuesta a los recursos del PRI y el PRD, el Tribunal Electoral eliminó la foto y aun la silueta, aduciendo que en la boleta electoral deben aparecer los emblemas de los partidos, no el retrato de los candidatos, porque eso implicaba hacer propaganda el día de la elección.

La resolución irritó a Fox, que la calificó de "marranada", y hasta exigió juicio político a los magistrados. Pero no había nada que hacer. Y al paso del tiempo, al comenzar agosto, concluido el proceso y victorioso el candidato de esa Alianza, no pudo menos que pedir perdón a los ofendidos, a cuya casa acudió para recibir la declaratoria de presidente electo, principal función constitucional al de ese cuerpo jurisdiccional, de cuyos alcances no estaba ni remotamente impuesto el candidato. También como muestra de su desaprensión, en esos días descalificó al presidente de la mesa directiva de la Cámara de Diputados, su correligionario Francisco José Paoli, por su actitud en la votación del presupuesto, ocurrida a fines de año. Sin conocer en qué votación se había abstenido Paoli, sólo siguiendo la corriente de los medios de información, pidió que el diputado fuera investigado, por si acaso hubiera sido sobornado.

La candidatura de Fox fue registrada el 10 de enero. Antes de que terminara esa semana, una nueva declaración impensada lo puso en aprietos. Al decir a cristianos evangélicos, el 15 de enero, que se identificaba con ellos porque enfrentaban "una fuerza dominante y la falta de equidad", suscitó la interpretación de que equiparaba a la Iglesia católica y al PRI como poderes hegemónicos, lo que a su vez provocó molestia en la jerarquía. Fue una incomodidad meramente circunstancial, aliviada por gestos de religiosidad como asistir a misa y comulgar, o enarbolar la imagen de la Guadalupana, lo que empujó fuera del PAN al pundonoroso Humberto Rice, ex alcalde de Mazatlán. De diversos modos y en distintas fechas fue haciéndose patente la simpatía de los obispos católicos con el candidato panista.

También la de los banqueros, porque buscó deliberadamente decir el discurso que la intermediación financiera deseaba oír. En la Convención Nacional Bancaria no sólo los exculpó de sus responsabilidades en la crisis que obligó al rescate bancario, sino que les agradeció "en nombre de todos los mexicanos: su esfuerzo por vencer las dificultades de su entorno". Pocos días después, sin embargo, matizó su buena opinión reconociendo que algunos banqueros incurrieron en corrupción o, para decirlo con su lenguaje, "se despacharon con la cuchara grande". Su discurso ante la Convención fue mejor recibido que el de Labastida, pues fue más enfático en ofrecer continuidad al punto de reiterar que conservará en sus cargos a los responsables de la política económica del gobierno zedillista. Por eso la propaganda de Labastida inventó francamente una encuesta que presentaba al priísta como el más favorecido por la opinión de la banca.

Poco antes había ya comenzado su intercambio de invectivas, principalmente con el candidato priísta. Rebajó a Labastida por haber vivido siempre del erario, en respuesta a la diríase que suicida acusación de ser beneficiario del Fobaproa. También lanzó el primero de los adjetivos agraviantes de los que después Labastida mismo se haría difusor: lo llamó mariqueta.

En cambio, se dirigía con deferencia a Cárdenas, por lo menos hasta comenzar marzo. Lo instó una y otra vez a unirse a su candidatura, hasta que lo atacó también, haciendo incluso referencia a la señora Cárdenas, madre del candidato. Ese tono, que a mucha gente pareció vulgar y pendenciero, y sin embargo le atrajo simpatías, lo obligó después, al concluir la campaña, a ofrecer disculpas a los ofendidos. Fox empleaba un lenguaje corriente, presuntamente vernáculo ("alimañas, tepocatas, víboras prietas", llamaba a sus adversarios), a pesar de sus previsiones de que votarían por la Alianza por el Cambio quienes "tienen un mayor nivel educativo y de ingreso, los que están bien informados, los que deciden, los que invierten y los que piensan".

Su campaña creció ostensiblemente. En su número 1219 del 12 de marzo, el semanario *Proceso* resumía esa expansión de su presencia. En la portada Fox montaba, sonriente, una poderosa Harley Davidson, como en sus días de muchacho motociclista. En interiores, la crónica de Francisco Ortiz Pinchetti concluía, tras enhebrar los dislates o las polémica del candidato que "de escándalo en escándalo", Fox "asciende en las preferencias electorales y empieza a llenar plazas: Veracruz, Cozumel, Mérida, Morelia, Guadalajara, Puebla".

Ese mismo día también lo presentaba en su primera plana *The New York Times.* Su corresponsal Sam Dillon lo había acompañado durante dos semanas de gira, para responder al interés creciente sobre Fox en Estados Unidos. Por eso, el 20 y el 21 de marzo viajó a Washington. Habló con funcionarios del gobierno de Clinton, legisladores de los dos partidos y miembros del American Enterprises Institute y la Brookings Institution. Político globalizado, consciente de la influencia internacional en la política mexicana, Fox acentuaba la movilidad que lo caracterizó en Guanajuato y que lo había llevado lo mismo a Cuba que a Taiwán. Ahora, ya en campaña, había viajado a Chile, a la toma de posesión de Ricardo Lagos, que lo distinguió por encima de Labastida al recibirlo una vez instalado en La Moneda, y no antes de la asunción como al candidato priísta. En esa misma veta se ufanaría después del apoyo que recibió de Mario Vargas Llosa, el gran novelista peruano, candidato él mismo a la Presidencia de su país en 1990.

En Washington mismo unió dos temas delicados. Reveló que se había reunido en secreto con generales, algo impensable antes en un candidato opositor, y que le habían manifestado la disposición de los militares a retirarse de Chiapas. En la Universidad de Georgetown un estudiante mexicano lo hizo reír antes que sentirse en aprietos cuando le pidió detallar, en ese mismo lapso, lo que haría para resolver, "en 15 minutos", el conflicto con el Ejército Zapatista.

Cada vez más presente, el nombre de Fox perturbaba al PRI, a Labastida. Una voz, en Oaxaca, vitoreó al candidato guanajuatense, en un mitin priísta. No era un provocador, sólo una víctima de la persistencia comunicadora del equipo de Fox. Contaba también con buenos abogados. Lo salvaron en el IFE de una condena pedida por el PRI, pues Fox había diagnosticado que "los capos" del narcotráfico se apoderaron ya del partido oficial. Otra buena noticia para Fox la aportaron las convenciones para elegir candidatos a diputados y senadores: gran número de sus Amigos ingresaron en las planillas. Casi en todas partes donde había que elegir entre un panista de la vieja ola o a uno recién llegado —por ejemplo Astolfo Vicencio Tovar o Carlos Madrazo por la senaduría mexiquense—, aquel quedó rezagado. Entrarían a las cámaras más personas parecidas a Fox que a Diego Fernández de Cevallos. Aunque figurará a la cabeza de las candidaturas senatoriales, se confirmó la distancia entre *El Jefe* y el candidato. Hay entre ellos, reconoce Luis Felipe Bravo Mena, "diferencias personales y de criterio". Una carta en que Fox ofreció a Diego disculpas fue recibida con apenas algo más que cortesía.

Su insistencia en pedir a Cárdenas declinar y a sus simpatizantes emitir el voto útil, tuvo a mediados de abril su primer fruto: Héctor Castillo Juárez se sumó a su campaña. Es un científico respetable, pero carente de influencia política. El valor de su adhesión deriva de que es hijo de Heberto Castillo, icono de la izquierda que en 1988 renunció a su candidatura en favor de Cárdenas, a quien ahora Castillo Juárez pedía hacer lo mismo en beneficio de Fox. A esa adhesión siguieron después otras provenientes de la izquierda, como la de Joel Ortega, ex militante comunista, o de Francisco Curi, ex diputado perredista a quien Fox pediría coordinar junto con Carlos Abascal el relevo en materia laboral.

El 25 de abril debatieron todos los candidatos presidenciales por primera vez. Aunque después Labastida se disculpara asegurando que sus voceros perdieron el posdebate —los comentarios en radio y televisión— lo cierto es que Fox aventajó notablemente a sus adversarios. No pocos esperaban que, aparte su propio buen desempeño, recibiría un refuerzo con la renuncia, lanzada allí, en pleno encuentro, de Manuel Camacho, que se adheriría a Fox. No ocurrió así entonces, ni fue Camacho el declinante. Lo sería Porfirio Muñoz Ledo, dispuesto a levantarle la mano de triunfador, como lo hizo nueve años atrás en Guanajuato, pero ya no como su antagonista, sino como convergente. Sería después responsabilizado por Fox de coordinar una amplísima y polifacética mesa para estudiar la reforma del Estado.

Un mes más tarde, el 26 de mayo, habría otro debate, ahora sólo entre Labastida, Cárdenas y Fox. En la semana respectiva hubo en realidad tres encuentros de los candidatos. Uno, ante Joaquín López Dóriga, el lunes 22, para explicar por qué no habría debate, pues sus negociadores no habían concertado las condiciones para realizarlo. Otro, en la casa de campaña de Cárdenas, en lo que se llamó el martes negro de Fox. Enfrentado a sus contendientes —que, diría sin bases, le tendieron una celada— mintió e insistió en que el debate era posible, y debía ser realizado ese mismo día: "¡Hoy, hoy, hoy!", reiteró en un ritornelo que sus publicistas, los encargados de su estrategia de comunicación, sus ángeles guardianes, convirtieron en su tabla de salvación. Su *lapsus* del martes no le impidió ser ganador del debate, el tercero de esa semana, ocurrido el viernes 26. Como en la primera discusión entre candidatos, en esta segunda los muchos puntos buenos de Fox se vieron aumentados por los puntos malos de sus contendientes. Labastida le hizo un enorme favor, al resumir en son de queja que resultó plañidero los insultos que a lo largo de las semanas le había asestado Fox, quien lo remató admitiendo ser grosero y esperando aliviarse de ese mal, pero asegurando que la corrupción ("lo mañosos y rateros" en su lenguaje) no se la quitaría de encima jamás el PRI.

Sus ángeles guardianes: Caracterizó a la campaña de Fox un despliegue mercadotécnico formidable y moderno llevado a cabo por un equipo imaginativo y puntual. Fue quizá la única normada de principio a fin por una estrategia, suficientemente sólida para contar con ejes rectores y suficientemente flexible para reaccionar ante las coyunturas. Coordinada por Pedro Cerisola, ex funcionario público y ex ejecutivo del Telmex privatizado, la estrategia se dividió en siete áreas: el candidato, el mensaje (plataforma y propuestas específicas), plan de medios de comunicación, voceros, alianzas, organización y financiamiento. El objetivo explícito de la campaña consistió en ganar la Presidencia de la República con 42 por ciento de los votos y 5 por ciento de diferencia sobre el segundo lugar. El resultado fue superior: 43.5 por ciento del total de sufragios y 7 por ciento arriba de la candidatura priísta.

La estrategia de comunicación, ideada y aplicada por Francisco Ortiz, ex ejecutivo de Televisa, se desplegó en tres etapas: de noviembre a febrero consistió en "posicionar" a Fox, decir quién era, de dónde venía, por qué quería ser presidente, etc. La segunda se extendió de marzo a junio y se destinó a difundir el programa, lo que Fox proponía en los grandes campos de interés: educación, economía, energéticos, iglesias, etc. Entreverada con ella, pues comenzó en mayo, la tercera etapa estribó en persuadir directamente al público para que votara por Fox.

En cuanto a su extensión hubo una campaña nacional y ocho más de alcance regional, en las entidades donde se concentra la mayor parte de los votantes y de distritos electorales: Michoacán, Veracruz, México, Distrito Federal, Nuevo León, Jalisco, Puebla y Guanajuato. Hubo también especial dedicación a los mexicanos residentes en Estados Unidos, especialmente en la ciudad de Nueva York y los estados de Illinois, California y Texas.

Las líneas de comunicación consistieron en denunciar y proponer, en mostrar que se trataba de una campaña creciente ("¡Ya somos más!") y urgente ("¡Ya, ya, ya!") y triunfadora ("¡Ya ganamos!"). Aunque debe haber resultado difícil, se planeó también evitar que el candidato se desgastara atacando y contestando ataques directamente, y procurando que al contrario lo hicieran también otros candidatos y dirigentes partidarios. Se le forjó también la imagen de héroe que luchaba contra una maquinaria opresora. En palabras de Santiago Pando, su principal publicista, Fox era Han Solo contra Darth Vader, y la elección era la *Guerra de las galaxias*.

La campaña utilizó preferentemente la televisión, la de cobertura nacional y las emisoras locales, lo mismo que en la radio. La propaganda en revistas y diarios se especializó conforme los públicos que la recibían. Fueron pintadas más de diez mil paredes y se montaron 700 espectaculares en todo el país.

Hasta teatro se utilizó, sobre todo para sostener la campaña después de la presencia del candidato, a fin de que no se diluyeran los efectos de su visita.

Un eje característico de la campaña electoral en general, y de la de Fox en particular, fue el uso de encuestas para regular el acercamiento a la opinión pública. El equipo foxista levantó un sondeo cada 15 días al principio y al final uno por semana, mediante 1 500 entrevistas en hogares. En enero y en mayo fueron realizadas encuestas nacionales con 20 mil entrevistas, susceptibles de ser estudiadas estado por estado.

El programa de la Alianza por el Cambio fue desarrollado en el libro *Vicente Fox propone*, preparado por Guillermo H. Cantú, director general de Seguros América La Comercial y antaño gerente general de la empresa fundada por su padre, Embotelladora Gómez Palacios, cargo que ejercía cuando conoció a Fox. El libro, de 112 páginas, se integró con siete capítulos, titulados "El México que vivimos", "El México que queremos"; "La educación"; "Economía y desarrollo"; "Política y gobierno: una nueva relación entre mexicanos"; "Grandes problemas nacionales"; "Factores básicos de desarrollo"; "Experiencias, realidades y retos", y "Reconstruir México".

El abigarramiento perceptible en los simples enunciados de la propuesta foxiana permitía, sin embargo, encontrar el propósito de instaurar un régimen democrático que persiga el bienestar material a través de la libre iniciativa de las personas y las empresas en el mercado, cuyo funcionamiento se atenuaría con una política social que combate la pobreza a través de la educación y el desarrollo de la ciencia y la tecnología.

Durante el debate de mayo, Fox había dado un golpe espectacular al dar al moderador Ricardo Rocha la clave entregada a los diputados panistas para conocer información sobre las empresas y las personas beneficiarias del rescate bancario, "la panza del Fobaproa" como se hubiera podido decir con lenguaje foxiano. Cada grupo parlamentario disponía de una llave y sólo operándolas todas se tenía acceso a la información. Sólo el PRD y el PT habían anunciado que ofrecerían las suyas. Fox consiguió que lo hiciera también el PAN y él mismo la entregó en público. Pero después se sabría que le tomaron el pelo, pues lo entregado no correspondía con lo necesario.

La discusión sobre si Fox había actuado de buena o mala fe se interrumpió, y se agravó, con la denuncia priísta sobre financiamiento ilegal, que tuvo curso público en los últimos días de junio, precisamente cuando Fox realizaba los muy lucidores y concurridos mítines finales de su campaña.

Enrique Jackson, que había sustituido a Arturo Núñez en la coordinación de los diputados priístas, dio un golpe de teatro en el Senado. Durante la sesión de la Comisión Permanente el 21 de junio, presentó copias de 60 cheques y registros de transferencia de dólares hasta por un total de 300 mil dólares, parte de un financiamiento clandestino cuya responsabilidad atribuyó a Lino Korrodi, pues los documentos cuya copia presentaba habían sido remitidos desde el extranjero a empresas con las que Lino Korrodi, el coordinador financiero foxista, mantenía relación. Las remisiones aparecerían después aplicadas al pago de servicios recibidos por la campaña de Fox, como tiempo de publicidad televisada.

Según la denuncia de Jackson, los envíos internacionales seguían una ruta complicada, destinada a impedir el seguimiento de su trayecto. Por ejemplo, una empresa domiciliada en Amberes, Dehydratation Technologies Belgium, remitió 200 mil dólares al Instituto Internacional de Finanzas con sede en Puebla, que los reenvió al Grupo Alta Tecnología en Impresos, con sede en Monterrey —y administrada, según el líder legislativo, por

Lino Korrodi, responsable de las finanzas de Fox y su amigo personal—, que a su turno los transfirió a una cuenta personal a nombre de Carlota Robinson. De esa cuenta salieron diez cheques, el 15 de junio de 1999, todos destinados a Amigos de Fox. De la misma cuenta salieron otros cheques, de procedencia nacional a otros destinos, al cabo de los cuales aparecía la asociación civil foxista. En otro caso citado por Jackson, el mencionado Instituto Internacional de Finanzas —uno de cuyos ejecutivos, Miguel Hakim, formaría después parte del equipo económico de relevo— enviaba a través de sus filiales en León o Monterrey los fondos a otras empresas dirigidas por Korrodi: K Beta, S.A. de C.V. y ST & K de México, S.A. Una hija de Korrodi, Valeria, es la titular de una cuenta en el Bank of West, en El Paso, de donde salieron el 4 de abril del 2000 diez cheques por un total de 85 mil dólares. Fueron depositados en otra cuenta a nombre de Carlota Robinson en Banca Ixe de donde inmediatamente, el 6 de abril, partieron tres cheques para cubrir facturas de publicidad foxiana a TV Azteca. Todavía más: de una cuenta neoyorquina del City Bank se enviaron 33 690 dólares a Fox Brothers, la nueva empresa de la familia de ese apellido, que a su vez giró cheques a Amigos de Fox y a empresas que prestaron servicios publicitarios, un procedimiento admitido en general por Korrodi.

El PRI no pudo dar cauce penal a su denuncia, porque la obtención de los datos probablemente implicaba la comisión de delitos, entre ellos el quebrantamiento del secreto bancario. Y a pesar de que la convirtió en denuncia ante el Instituto Federal Electoral, cuya Comisión de Fiscalización no se había pronunciado sobre el asunto tres meses después, el lance quedó sólo como episodio de propaganda, parte de la guerra sucia en que los protagonistas intercambian denuestos.

Aquellos y otros amigos de Fox dibujarían, durante la campaña y en el prolongado periodo anterior a la toma de posesión, el perfil del nuevo gobierno, la república empresarial. Los políticos y los administradores públicos profesionales, la clase dorada priísta, comenzarían a ceder su lugar a la clase dorada foxista. El presidente electo llamó a Carlos Abascal para recibir la Secretaría del Trabajo. En octubre del 2000 se conjeturaba si sería el próximo titular de ese ministerio. Aunque él mismo fuera un director profesional, es decir, no un propietario de la aseguradora en que laboró más de 30 años, había presidido la Coparmex, el sindicato patronal, y tiene ideas claras sobre las relaciones con los trabajadores. Su designación mostraría claramente aquel perfil de sustitución de la antigua clase política. Y lo mismo significaría la adscripción del ingeniero Rafael Rangel al ámbito educativo. Es el rector del Tecnológico de Monterrey. Y si bien ya otra persona hizo el tránsito de esa institución a la Secretaría de Educación Pública, Víctor Bravo Ahúja puso entre una función y otra un cuarto de siglo de distancia y su paso por una subsecretaría y la gubernatura de Oaxaca. Aun si hubiera puesto un sello privatista en la SEP, hubiera sido un factor anómalo en el populismo errático de Echeverría, no como puede ser ahora el caso, una pieza bien ensamblada en un modelo prefigurado.

Javier Usabiaga coordina la recepción del área de agricultura. Es un empresario rural. Ya lo mencionamos como priísta o filopriísta contrario a Fox y partidario de Aguirre, en 1991. Fue víctima de un secuestro que se resolvió pagando quizá un rescate. Sus tierras y empresas son las típicas de la moderna producción rural. Se le llama *El rey del ajo*. Conoce el campo. Ese campo, no otro.

La presencia directamente empresarial no se limita a sus áreas digamos que naturales, las que conciernen a la producción. Tres eminentes miembros de la iniciativa privada en el equipo de transición encargado de diseñar la política exterior extiende a esa área su influencia y prefigura el sentido de la nueva diplomacia. Se trata de Alfonso Romo, tan poderoso que cuenta entre sus activos a Pedro Aspe, ex secretario de Hacienda (pues dirige Vector, la rama financiera del Grupo Pulsar, presidido por Romo). Y de Valentín Díez Morodo, vicepresidente del grupo cervecero Modelo. Y de Federico Sada González, director general de Vitro. De esa empresa fue asesor Luis Ernesto Derbez, uno de los coordinadores del área económica en el relevo. Economista potosino, posgraduado en Iowa y Oregon, fue funcionario del Banco Mundial. Asistió a la reunión del Fondo Monetario Internacional, meses antes de la toma de posesión, como virtual secretario de Hacienda de Fox.

Aquí y allá en el equipo de relevo se observa un tinte, una huella, un antecedente de vida empresarial. Ciertamente, en los casos de Alfonso Durazo, Santiago Creel y Rodolfo Elizondo no radica allí el motivo de su inclusión en tal equipo. Durazo, ex secretario particular de Luis Donaldo Colosio, hizo un valiente paso del PRI al foxismo. Creel llevó a ese grupo su valioso equipaje de creativo consejero ciudadano y dinámico diputado federal, de candidato relevante al gobierno capitalino. Elizondo aportó su experiencia gubernativa en su municipio natal y las lecciones que le dejó el repetido trajín legislativo, especialmente en relación con Chiapas, a través de la Cocopa. Pero a los tres los mejora en el nuevo esquema el que la familia Durazo maneje una importante gasera en el norte de Sonora, que Creel haya sido miembro del despacho Noriega y Escobedo, que Elizondo dirigiera Triplay y Madera de Durango, Aerosierra de Durango, Empacadora Cid, Plaza los Condes, etcétera.

Ése es el currículum relevante ahora. Martha Sahagún es una eficacísima vocera que siguió cursos de creatividad empresarial, la mujer en los negocios, excelencia en las ventas. Francisco Ortiz conoció la estrategia de ventas que aplicó a la campaña mientras fue ejecutivo de Richardson Vicks-Procter and Gamble. Carlos Flores Alcocer, antes de ocuparse de la planeación estratégica al lado de Fox desde 1995, fue gerente de una empresa constructora. José Luis Reyes, uno de los coordinadores de justicia y seguridad, fundó y presidió la Asociación Nacional de Abogados de Empresa en Guanajuato. Carlos Rojas, el coordinador administrativo de la transición, trabajó en Dupont, Arthur D. Little y en Korn Ferry Hazzard International, empresa de *head hunters*. Ramón Muñoz fue gerente de personal de Bimbo del Centro y miembro del Consejo de Administración de varias empresas. Lino Korrodi se formó en Coca-Cola, siguió en Hunter Douglas y concluyó en su propia empresa comercializadora de azúcar, WW & Korrodi, S.A. de C.V. (más el Grupo Alta Tecnología de Impresos, citado por el PRI en su denuncia sobre financiamiento irregular).

Pero lleguemos al 2 de julio.

Gracias a la reconstrucción realizada por Guillermo Rivera, tenemos claro que Fox se despertó ese día como si fuera otro más, a las seis y cuarto de la mañana. El sábado había llegado, como otros fines de semana, a su casa en San Cristóbal, y ese día cabalgó tres horas en la sola compañía de Juan Hernández, el responsable de su agenda. Y luego anduvo en motocicleta. Con todo, al despertar el domingo Fox hizo ejercicio en una caminadora de banda. Y cuando decidió ducharse, descubrió que no salía agua por la regadera. La bomba se había quemado y en las prisas de los últimos días olvidó hacerla reparar. Se lavó la cara y las manos como pudo, y sólo al llegar horas después a la ciudad de México podría bañarse, en su casa-oficina de Paseo de la Reforma.

223

Al salir de su habitación en San Cristóbal, se le hizo presente que era día de su cumpleaños, pues sus hijos lo abrazaron y cantaron *Las Mañanitas*. Las oiría de nuevo al salir a la calle, pues sus paisanos estaban reunidos, esperándolo. Lo habían invitado a desayunar por el doble motivo. Apenas los acompañó un rato, comió unos tacos y cuando supo que estaba abierta la casilla, allí junto, fue a votar. En seguida, ya rodeado por la prensa que lo ha seguido hace meses, se encaminó a León, donde su hija Ana Cristina estaba también votando. Su hijo Rodrigo se quedó con hambre. Y Fox también, de manera que se detuvieron a almorzar en el centro de León. Luego partieron, con Lino Korrodi, al aeropuerto del Bajío.

Despegaron de allí, poco más tarde, dos aviones. En el primero viajaron Fox mismo, su ex mujer Lilian de la Concha, las hijas de ambos, Paulina y Ana Cristina, y el periodista Pablo Latapí, de TV Azteca, como señal de la privilegiada relación que guardan el candidato y esa emisora. En el segundo avión vuelan el todavía diputado e inminente senador Carlos Medina Plascencia, el secretario Juan Hernández y los asesores Eduardo Sojo y Ramón Muñoz.

Después de bañarse, Fox pasó la mañana en su casa de campaña de Paseo de la Reforma, y hacia el mediodía se trasladó a la sede principal del PAN, un edificio sin terminar en la colonia del Valle. Allí se le había preparado una comida de cumpleaños, con mariachis. Y allí empezó a recibir información sobre la jornada, los primeros números.

A las siete de la noche le telefoneó el presidente Zedillo. Ambos tenían ya la misma información: Fox estaba ganando, pero su antiguo antagonista, convertido ya en favorecedor del proceso democrático, le anunció que esperaría para reconocer su triunfo a que se diera el resultado de los conteos rápidos. Poco des-

224

pués de las ocho de la noche le telefoneó de nuevo, para ratificar lo dicho.

Eduardo Sojo estaba afinando el discurso de la victoria. La primera versión no satisfizo a Fox (que en la tarde había conocido también el que pronunciaría si era derrotado) y le pidió un discurso "más presidencial". Para lograrlo, Sojo reunió a Muñoz Ledo, Castañeda, Aguilar Zínser, Felipe Calderón. Tomó sus ideas y rehizo el texto. Todavía Fox le pidió añadir una referencia al ejército y luego lo aprobó. Fue el que leyó, sorprendente por su mesura, a las diez de la noche. Diría todavía otro, cuando ya comenzaba el 3 de julio, ante la Columna de la Independencia.

Todo estaba consumado.

Fox y compañía

Han rodeado a Fox candidato (tanto a la gubernatura en sus dos turnos, como a la Presidencia de la República) y a Fox gobernador y presidente electo personas de la más variada extracción, del más diferente perfil ideológico, profesional y humano. Con un puñado selecto de ellos formó un equipo de relevo al que encargó recibir la administración que se va, sin que la encomienda significara que se responsabilizarán de las áreas respectivas. Es difícil, sin embargo, que no permanezcan en altos niveles de la administración. En secretarías de Estado u organismos y empresas descentralizadas, o en los anticipados rangos superiores que concentrarán su atención en grandes comarcas administrativas, las personas cuya semblanza se leerá a continuación constituirán la compañía de Fox. Todos ellos, no obstante su cercanía al presidente electo, fueron examinados por los cazadores de talentos, los seleccionadores de personal de alto nivel. Es probable que tal análisis (y el hecho mismo de haberse sometido a él) refuerce sus posibilidades de participar en el gobierno.

Alfonso Durazo lo hubiera hecho en el de Luis Donaldo Colosio, tan próximo a él como había sido en la Secretaría de

Desarrollo Social, en el PRI, durante la campaña. Fue su secretario particular y para desempeñar el mismo cargo lo llamó Fox, apenas unos meses después de que Durazo se sumara a su corriente, al renunciar con sobra de razones al PRI.

También ex priísta, del más alto nivel —pues lo encabezó en 1975— es Porfirio Muñoz Ledo, que también presidió al PRD. Coordinador de la mesa de estudios para la reforma del Estado, llegó al entorno de Fox desde su propia candidatura presidencial. Es el político de mayor experiencia en el equipo, pues fue secretario de Estado dos veces, embajador en la ONU, senador y diputado.

En sólo siete años —desde que coordinó la asistencia jurídica al plebiscito ciudadano en 1993—, Santiago Creel Miranda realizó una fulgurante carrera política, después de dedicarse algunos años a la abogacía: consejero ciudadano en el IFE, contribuyó a la creación de los consensos que dieron lugar a la reforma electoral de 1996 y al año siguiente, postulado por el PAN al que entonces no pertenecía, fue diputado, y en el 2000 candidato al gobierno capitalino, antes de ser uno de los dos coordinadores del área política.

El otro lo es el panista Rodolfo Elizondo, cuya trayectoria comenzó con la presidencia municipal de su natal Durango. Pretendió la gubernatura en dos oportunidades (una de ellas en coalición con el PRD). También dos veces diputado, como senador fue miembro de la Comisión de concordia y pacificación para Chiapas, lo que lo aproximó a uno de los temas delicados de la transición.

Carlos Flores Alcocer partió de sus especialidades en ciencias de la computación y administración estratégica hacia la planeación gubernamental. En el gobierno de Fox en Guanajuato coordinó el comité de planeación del desarrollo y en la campaña presidencial coordinó la estrategia y diseñó la propuesta de política social, de cuya área es coordinador.

Lo es también, con énfasis en desarrollo de la investigación, María del Carmen Díaz Amador, graduada en comunicación en la Universidad Iberoamericana, académica de la Universidad Autónoma de Puebla y, como diputada, presidenta de la Comisión de ciencia y tecnología en la LVII legislatura a la que llegó postulada por el PAN después de haber sido consejera ciudadana en el instituto estatal electoral.

Martha Sahagún procede del PAN y del gobierno de Guanajuato, en que fue coordinadora de comunicación social, un cargo semejante a su posterior condición de vocera del candidato y el presidente electo. Antes había sido candidata a la presidencia municipal de Celaya y consejera estatal y nacional panista. Por su proximidad al presidente electo, divorciados ambos, se insiste en que su relación personal podría culminar en matrimonio.

Francisco Ortiz estudió administración y finanzas en la Universidad Panamericana y se dedicó a la mercadotecnia. Trabajó diez años para Richardson Viks-Procter & Gamble y siete años para Televisa, donde fue vicepresidente de mercadotecnia, como lo sería también en TV Promo, su última ubicación antes de ocuparse de coordinar la comunicación en la campaña presidencial y en el equipo de relevo.

Jorge G. Castañeda se doctoró en historia económica en París y ha enseñado en la Universidad Nacional y en muchas instituciones académicas de Estados Unidos. Es autor de varios libros notables, el más reciente de los cuales es *La herencia*. Son tan variadas sus aptitudes que en vez de encasillarse en un área determinada (como la de relaciones internacionales de que es coordinador) podrá ser un superasesor de asuntos especiales.

Es semejante, casi gemelo, el caso de Adolfo Aguilar Zínser. A su dedicación académica no ha correspondido una proporcional producción editorial, acaso porque ha elegido la política electoral, como diputado y senador independiente, que se ha aproximado a los temas del desarrollo sustentable a partir de la importancia que advierte en la riqueza forestal del país.

Francisco Javier Molina Ruiz, graduado en la Universidad Autónoma de Chihuahua, fue procurador de Justicia del gobierno panista de esa entidad y después comisionado del Instituto Nacional para el Combate a las Drogas, bajo el procurador Antonio Lozano. Fue senador postulado por el PAN, partido en que ha sido asesor jurídico y consejero nacional. Es uno de los dos coordinadores del área de justicia y seguridad.

El otro se llama José Luis Reyes Vázquez, licenciado en derecho por la UIA, que combinó el ejercicio de su actividad privada (fue abogado de los Fox) con su experiencia como director jurídico del ayuntamiento panista de León. Fue delegado de la PGR en Guanajuato y asesor del procurador Jorge Madrazo. Antes de pertenecer al equipo de relevo fue el coordinador jurídico de la campaña presidencial.

Un puesto semejante en el grupo de transición fue ocupado después por Carlos Arce Macías, abogado por la Universidad de Guanajuato. Acompañó a Fox en sus dos campañas por la gubernatura y lo ha asesorado en materia legal durante nueve años, salvo cuando fue diputado local y diputado federal. Consejero estatal y nacional panista, ha representado a su partido en los órganos electorales de Guanajuato.

Luis Ernesto Derbez, economista potosino posgraduado en Oregon y Iowa, trabajó durante 14 años en el Banco Mundial y ha sido asesor de Fox desde 1997. No sólo fue uno de los autores del programa económico del ahora presidente electo, sino que lo representa en actos internacionales como la reunión del Fondo Monetario Internacional en Praga. Es uno de los dos coordinadores del área económica.

El otro es Eduardo Sojo Garza Aldape, que resume dos perfiles que abundan en la porción antigua del equipo de transición: a su preparación académica añade la oriundez guanajuatense. Por esas razones ha trabajado de cerca con el candidato, el gobernador, el candidato presidencial y el presidente electo, cuyos discursos escribe, amén de asesorarlo en materia económica.

Pedro Cerisola y Weber es un seco y eficaz ejecutivo, que rinde buenos frutos ya trabaje en la administración pública o en la empresa privada. Es arquitecto y a través de esa profesión ingresó a la industria aeronáutica, donde llegó a ser director de Aeroméxico, como fue también director de operaciones de Telmex, cargo que dejó para trabajar gratis en la campaña de Fox, de la que fue coordinador general.

Ramón Muñoz es sicólogo por la Universidad de Guanajuato. Se ha dedicado a la enseñanza y la administración de empresas. Pertenece al PAN desde 1982 y ha sido dirigente municipal y estatal. Su actuación más relevante ha sido crear el modelo de reingeniería administrativa que Fox puso en práctica en Guanajuato y que se expone en el libro *Pasión por un buen gobierno*.

Bibliografía

Alemán, Ricardo, *Guanajuato: espejismo electoral*, México, La Jornada Ediciones, 1993, 185 pp.

Amezcua, Adriana y Juan E. Pardinas, *Todos los gobernadores del Presidente*, México, Grijalbo, 1997, 279 pp.

Brading, David A., *Haciendas y ranchos del Bajío*, México, Grijalbo, 1988, 402 pp.

Cantú, Guillermo H. (ed.), *Vicente Fox propone*, México, Ediciones 2000, 2000, 112 pp.

Fielding Tipton, Bruce e Hilda Rico Llanos, *El amanecer,* México, ed. de los autores, 2000, 262 pp.

Fox, Vicente, *A Los Pinos. Recuento autobiográfico y político,* Océano, 1999, 224 pp.

Gobierno del estado de Guanajuato, *Guanajuato, un estado de éxito. Memoria de la administración estatal 1995-2000,* 2000, 394 pp.

González Ruiz, Édgar, *De los cristeros a Fox, la última cruzada,* México, Grijalbo, de próxima aparición.

—, *Guanajuato: La democracia interina*, México, Rayuela Editores, 1995, 128 pp.

Martín Huerta, Ramón, *Trazos de la memoria*, León, ed. del autor, 2000, 275 pp.

Miranda Montero, Arturo y José Argueta Acevedo, *Fox 2000 al natural,* Guanajuato, Ediciones ABC, 2000, 152 pp.

Muñoz Gutiérrez, Ramón, *Pasión por un buen gobierno*, México, Disem, 1999, 276 pp.

Pendergrast, Mark, *Dios, patria y Coca-Cola*, Buenos Aires, Javier Vergara, 1993, 535 pp.

Rionda, Luis Miguel, "Política, alternancia y gestión administrativa en Guanajuato 1920-1998", en Espinosa Valle, Víctor Alejandro (coord.), *Alternancia y transición política*, México, Plaza y Valdés, 2000, 224 pp.

Hemerografía

Actual, AM, *Contenido*, *Mira*, *El Norte*, *Proceso*, *Reforma*.

Índice onomástico

B

Bailleres, Raúl, 30
Barragán, Manuel L., 40
Barrio Terrazas, Francisco, 81, 103, 179
Bartra, Roger, 161
Basagoiti, José María, 78
Basáñez, Miguel, 170
Basave, Agustín, 170
Blanco, Víctor, 161
Borja, Francisco, 32
Brading, David, 14, 18
Bravo Ahúja, Víctor, 48, 221
Bravo Mena, Luis Felipe, 79, 97, 212
Brehm, Luis Fernando, 186
Bribiesca Godoy, Manuel, 180
Bribiesca Sahagún, Alberto, 180
Bribiesca Sahagún, Fernando, 180
Bribiesca Sahagún, Manuel, 180
Bribiesca Tafolla, José Alipio, 21
Buendía, Manuel, 190
Bustillos, Juan, 124

C

Cabrera, Emma, 65
Cabrera, Luis, 203
Calderón, Luisa María, 95
Calderón Hinojosa, Felipe, 199, 225
Calvo Manrique, Javier, 101
Calzada, Leticia, 117-118, 157, 161, 168, 170, 177
Camacho Solís, Manuel, 125, 179, 207, 209-210, 215
Camarena, Chabe, 28
Camarena, Felipe Arturo, 192

Canale, Moisés, 97
Canales Clariond, Fernando, 81, 97-98
Candler, Asa G., 38
Cano Escalante, Francisco, 169
Cantú, Guillermo H., 218
Cárdenas del Río, Lázaro, 16, 20
Cárdenas Jiménez, Alberto, 179
Cárdenas Solórzano, Cuauhtémoc, 96, 111, 114, 129, 157, 169-170, 197, 206-207, 209-210, 212, 214-215
Carranza, Venustiano, 203
Carter, James, 42
Castañeda, Jorge G., 116-117, 161, 169-170, 197, 225, 229
Castillo, Heberto, 215
Castillo Juárez, Héctor, 214-215
Castillo Peraza, Carlos, 80, 95, 97-98, 100, 131, 133, 173, 197-199
Castrejón, Manuel, 88
Castrejón Díez, Jaime, 85, 87-88
Castro, Mar, 66
Cerisola y Weber, Pedro, 216, 231
Cervera Pacheco, Víctor, 198
Césarman, Teodoro, 170
Circuit Ríos, Teodoro, 43-47, 52
Clinton, William, 213
Clouthier, Juan Pablo, 107
Clouthier, Manuel J., 75, 77-81, 90-91, 96-98, 101-104, 107, 118
Clouthier, Tatiana, 107, 170
Coll Carabias, César, 159
Colosio Murrieta, Luis Donaldo, 109, 122, 136, 140, 144-145, 169, 192, 196, 222, 227
Compeán, Justino, 32

237

Fox Pont, Martha, 15, 19, 28
Fox Quesada, Cecilia, 17, 55, 177
Fox Quesada, Cristóbal, 16-17, 19, 54, 63, 65-66, 68, 70, 190
Fox Quesada, Javier, 17, 19, 63, 65
Fox Quesada, José Luis, 13, 17, 19, 22, 25, 27-29, 62-63, 65-67, 69, 73, 178
Fox Quesada, Juan Pablo, 17, 62, 63, 65, 69, 177
Fox Quesada, Martha, 17
Fox Quesada, Mercedes, 17
Fox Quesada, Susana, 17, 55
Fuentes, Carlos, 161, 169-170
Fuentes Molinar, Olac, 188
Fuentes Quesada, María del Carmen, 56-57

G

Gallardo Ledesma, Napoleón, 107
Gama Medina, José Pedro, 106
Gamboa Patrón, Emilio, 109, 201
García, Amalia, 169
García Domínguez, Miguel Ángel, 190
García García, Manuel, 21
García Sáinz, Ricardo, 170
Gavito Marco, Víctor, 32
Gómez Álvarez, Pablo, 169
Gómez Vargas, Rolando, 64-65
Gómez Velázquez, Adolfo, 63
González, José Luis, 51-52, 200-202
González Aranda de Hernández, Martha Josefina, 21-22
González Arreguín, Israel, 176
González Graff, Jaime, 208

González Herrera, José Aben Amar, 112, 127, 193
González Luna, Efraín, 203
González Pedrero, Enrique, 170
González Schmall, Jesús, 81, 97-98
González y González, Luis, 161
Gorbachov, Mijail, 188
Gordillo, Elba Esther, 170, 188
Graham Gurría, Noé, 30
Granados, Luis Fernando, 12
Granados, Rosario Inés, 12
Granados, Tomás Gerardo, 12
Guerrero, Euquerio, 56
Guerrero Reynoso, Vicente, 56
Guevara, Julieta, 165
Gutiérrez Barrios, Fernando, 102, 115, 131-133, 136, 140, 153, 169
Gutiérrez Vivó, José, 123

H

Hakim, Miguel, 220
Hank González, Carlos, 162, 164
Heath, W. P., 39
Heredia, Carlos, 170
Hernández, Gabriel, 106
Hernández, Herminio, 24
Hernández, Juan, 189, 196, 223-224
Hernández, Mario, 55
Hernández, Roberto, 32
Hernández, Rosa María, 113, 130
Hernández González, Manuel, 22
Hernández Prieto, Carlos, 29
Hinojosa, Óscar, 142
Huicochea, Felipe, 201
Hunter, Floyd, 41

238

242

Esta obra se terminó de imprimir
en noviembre de 2000, en
Litofasesa, S.A. de C.V.
Tlatenco núm. 35
Col. Santa Catarina
México, D.F.